물 들어올 때
　　노를
　저어라

조병서 시집

물 들어올 때 노를 저어라

축사

최 창 식 | 서울특별시 중구청장

　가을의 풍성함이 느껴지는 9월의 한가운데서 조병서 시인님의 뜻깊은 여덟 번째 시집 『물 들어올 때 노를 저어라』의 출간을 축하드립니다.

　조병서 시인님은 서울 중구문인협회 회장, 한국문화예술연대 부이사장을 역임하시고 현재 한국수필가연대 회장으로 활동하고 있는 우리 중구 지역의 원로 문인이십니다. 이런 다양한 활동을 바탕으로 작품 속에 지난 수십 년간 펼쳐진 삶의 이야기들을 진솔하게 펼쳐 오셨습니다.

　『물 들어올 때 노를 저어라』를 통해서 문단의 어른으로서 시인께서 걸어온 발자취를 느낄 수 있으며 이 시대를 살아가는 모든 분들이 공감할 수 있는 이야기를 풀어 주셨습니다.

날로 복잡해져만 가는 현대인의 일상에서 한 편의 시詩를 통해서 마음을 안정시킬 수 있다고 생각합니다. 아무쪼록 조병서 시인님의 작품으로 독자분들께서 감정을 정화시키면서 인생의 즐거움을 느낄 수 있으면 좋겠습니다.
　앞으로도 왕성한 작품 활동으로 중구민은 물론 더 많은 독자분들께 사랑받는 시인으로 기억되시길 진심으로 기원합니다.
　감사합니다.

2017년 9월에

시인의 말

가을에 한 걸음 다가간 9월입니다.

분홍색 코스모스가 만발하고 온갖 만물이 결실을 맺는 시기에 복잡다난한 인간 생활이 만들어 낸 요지경 같은 세상을 바라봅니다. 청결하고 그윽해야 할 우리네 삶이 날로 주눅 들어 머리마저 멍해 갈피 잡기 쉽지 않은 세상 속에서 일년 내내 번뇌와 고독과 싸우며 한 줄 한 줄 써낸 고통의 산물인 이백여 편의 시를 모아 여덟 번째 시집 『물 들어올 때 노를 저어라』라는 제목을 달고 여러 독자 앞에 내놓으려니 졸필이라 부끄럽기도 하고 한편으론 해냈다는 생각에 뿌듯하기도 합니다.

늘그막에 문학의 길에 푹빠져 여기까지 왔습니다.
여러분의 성원이 있는 한 계속 정진할 것입니다.

끝으로 출판을 도와준 문학공간사 최광호 주간님 및 임직원 여러분의 노고에 깊은 감사를 드립니다.
 또한 바쁘고 바쁘신 와중에도 본인의 청을 거절하지 않고 축사를 써주신 서울 중구청 최창식 청장님께 깊은 감사의 마음 전합니다.

정유년 9월에
조병서

차례

□ 축사 | 최창식
□ 시인의 말

무책임한 말씀 · · · · · · · · · · · · · · · 19
고향 그리기 · · · · · · · · · · · · · · · · 20
물 들어올 때 노를 저어라 · · · · · · · · · 22
늘그막에 · · · · · · · · · · · · · · · · · 23
만시지탄 · · · · · · · · · · · · · · · · · 24
세월아 멈추어 다오 · · · · · · · · · · · · 25
을미년 마지막 밤에 · 1 · · · · · · · · · · 26
을미년 마지막 밤에 · 2 · · · · · · · · · · 27
고갯길 · · · · · · · · · · · · · · · · · · 28
한낮의 개꿈 · · · · · · · · · · · · · · · 29
이 세상에 · 1 · · · · · · · · · · · · · · 30
이 세상에 · 2 · · · · · · · · · · · · · · 31
고봉 밥상 · · · · · · · · · · · · · · · · 32
겨울 도봉산 · · · · · · · · · · · · · · · 33
사명 · · · · · · · · · · · · · · · · · · · 34
삶의 지혜 · · · · · · · · · · · · · · · · 35

꿈은 이루어진다 · · · · · · · · · · · · · · 36
정월 보름달 · · · · · · · · · · · · · · · · 37
도심 속의 오지 · · · · · · · · · · · · · · 38
줄행랑 · · · · · · · · · · · · · · · · · · · 39
그믐날 밤에 · 2 · · · · · · · · · · · · · · 40
남자의 일생 · · · · · · · · · · · · · · · · 41
값진 인생 · 2 · · · · · · · · · · · · · · · 42
봄은 오겠지 · · · · · · · · · · · · · · · · 43
아내의 생일에 · · · · · · · · · · · · · · · 44
귀향 · 45
살아내기 · · · · · · · · · · · · · · · · · 46
운명 · 2 · · · · · · · · · · · · · · · · · · 47
의무 · 48
세월아 · · · · · · · · · · · · · · · · · · · 49
더불어 사는 인생 · · · · · · · · · · · · · 50
먹거리 · · · · · · · · · · · · · · · · · · · 51
보기 싫은 거울 · · · · · · · · · · · · · · 52
왜 그런지 · · · · · · · · · · · · · · · · · 53
어쩌다가 · · · · · · · · · · · · · · · · · 54
인생 낭비 · · · · · · · · · · · · · · · · · 55
중년 세대 · · · · · · · · · · · · · · · · · 56
춘래불춘래 · · · · · · · · · · · · · · · · 57
꽃샘추위 · · · · · · · · · · · · · · · · · 58
반 젊은 세대 · · · · · · · · · · · · · · · 59
인생은 미완성 · · · · · · · · · · · · · · · 60
나는 하나 · · · · · · · · · · · · · · · · · 61

아, 옛날이여·2 · · · · · · · · · · · · · · · 62
신나는 일 · · · · · · · · · · · · · · · · · 63
허기 · 64
노년의 지혜 · · · · · · · · · · · · · · · · 65
양심의 가책 · · · · · · · · · · · · · · · · 66
네 탓 아닌 내 탓 · · · · · · · · · · · · · 67
입방아 · · · · · · · · · · · · · · · · · · · 68
물소리 · · · · · · · · · · · · · · · · · · · 69
살아가다 보면 · · · · · · · · · · · · · · · 70
안식처 · · · · · · · · · · · · · · · · · · · 71
봄이 왔습니다 · · · · · · · · · · · · · · · 72
마지막 체험 · · · · · · · · · · · · · · · · 73
골든 타임 · · · · · · · · · · · · · · · · · 74
지난 세월 · · · · · · · · · · · · · · · · · 75
시인이 된다는 것 · · · · · · · · · · · · · 76
봄날의 망중한 · · · · · · · · · · · · · · · 77
저속의 미학 · · · · · · · · · · · · · · · · 78
작두 · 79
내 몫인 것을 · · · · · · · · · · · · · · · 80
가로등 불빛 · · · · · · · · · · · · · · · · 81
고사목 · · · · · · · · · · · · · · · · · · · 82
불청객·3 · · · · · · · · · · · · · · · · · 83
양심 · 84
겨울 참외 · · · · · · · · · · · · · · · · · 85
부모 · 86
사람의 운명 · · · · · · · · · · · · · · · · 87

봄은 가고 · · · · · · · · · · · · · · · · · 88
허세 · 89
큰코다치는 일 · · · · · · · · · · · · · 90
늙는다는 것 · 3 · · · · · · · · · · · · · 91
인생 행로 · · · · · · · · · · · · · · · · 92
혹 모르지 · · · · · · · · · · · · · · · · 93
한恨 · 94
남과 여 · · · · · · · · · · · · · · · · · 95
그놈의 행복 · · · · · · · · · · · · · · 96
정답 찾기 · · · · · · · · · · · · · · · · 97
딱 한방 · · · · · · · · · · · · · · · · · 98
상례常禮 · · · · · · · · · · · · · · · · · 99
장땡 · · · · · · · · · · · · · · · · · · · 100
살아보니 · 3 · · · · · · · · · · · · · · 101
살아보니 · 4 · · · · · · · · · · · · · · 102
아쉬웠던 봄은 지나가고 · · · · · · · 103
사기 · · · · · · · · · · · · · · · · · · · 104
진실 · · · · · · · · · · · · · · · · · · · 105
성숙 · · · · · · · · · · · · · · · · · · · 106
신 인생사 · · · · · · · · · · · · · · · 107
억울한 고등어 · · · · · · · · · · · · 108
가족과 식구 · · · · · · · · · · · · · · 109
돈 · 110
열냉熱冷 · · · · · · · · · · · · · · · · 111
세상만사 · 2 · · · · · · · · · · · · · · 112
땅은 · · · · · · · · · · · · · · · · · · · 113

부모와 자식 · · · · · · · · · · · · · · · 114
회귀 · · · · · · · · · · · · · · · · · · · 115
필요악 · · · · · · · · · · · · · · · · · 116
새옹지마 · · · · · · · · · · · · · · · · 117
속아 살아온 세상 · · · · · · · · · · · 118
산다는 것은 · · · · · · · · · · · · · · 119
삶이 버거울 땐 · · · · · · · · · · · · 120
사람의 상생 · · · · · · · · · · · · · · 121
유감의 6·25 · · · · · · · · · · · · · · 122
설마 · · · · · · · · · · · · · · · · · · · 123
세상일 · · · · · · · · · · · · · · · · · 124
우정 · · · · · · · · · · · · · · · · · · · 125
살기 좋은 곳 · · · · · · · · · · · · · 126
주먹질 · · · · · · · · · · · · · · · · · 127
서글픈 일 · · · · · · · · · · · · · · · 128
사람들은 · · · · · · · · · · · · · · · · 129
한 움큼 · · · · · · · · · · · · · · · · · 130
강심장 · · · · · · · · · · · · · · · · · 131
독불장군 · · · · · · · · · · · · · · · · 132
호박 · · · · · · · · · · · · · · · · · · · 133
질투 · · · · · · · · · · · · · · · · · · · 134
살면서 · · · · · · · · · · · · · · · · · 135
내가 행복할 때 · · · · · · · · · · · · 136
평범한 세상 · · · · · · · · · · · · · · 137
춘春, 하夏, 추秋, 동冬 · · · · · · · · · 138
쓰임새[用處] · · · · · · · · · · · · · · 139

유월의 유감 · · · · · · · · · · · · · · 140
국가란 · · · · · · · · · · · · · · · · 141
인간과 짐승 · · · · · · · · · · · · · 142
비정규직의 설움 · · · · · · · · · · · 143
신은 어디에 · · · · · · · · · · · · · 144
불나비 · · · · · · · · · · · · · · · · 145
갑甲과 을乙·2 · · · · · · · · · · · · 146
어찌할까·2 · · · · · · · · · · · · · 147
징그러운 여름 · · · · · · · · · · · · 148
언젠가는 · · · · · · · · · · · · · · · 149
세상에 · · · · · · · · · · · · · · · · 150
현실 · · · · · · · · · · · · · · · · · 151
신의 몫 · · · · · · · · · · · · · · · 152
모기 · · · · · · · · · · · · · · · · · 153
사람과 마음 · · · · · · · · · · · · · 154
휴가 · · · · · · · · · · · · · · · · · 155
삶의 무게 · · · · · · · · · · · · · · 156
잡념 · · · · · · · · · · · · · · · · · 157
초심 · · · · · · · · · · · · · · · · · 158
행하기 쉽지 않은 것 · · · · · · · · · 159
만병통치약·2 · · · · · · · · · · · · 160
인맥 관리 · · · · · · · · · · · · · · 161
내 인생의 3분의 2 · · · · · · · · · · 162
윗물이 맑아야 · · · · · · · · · · · · 164
굼벵이 · · · · · · · · · · · · · · · · 165
사후 세계 · · · · · · · · · · · · · · 166

거짓말 · · · · · · · · · · · 167
황혼의 결실·1 · · · · · · · · 168
황혼의 결실·2 · · · · · · · · 169
오늘 · · · · · · · · · · · · 170
일등 · · · · · · · · · · · · 171
악마의 화신 · · · · · · · · · 172
살며 생각하며 · · · · · · · · 173
어떤 부모 · · · · · · · · · · 174
서민과 부자 · · · · · · · · · 175
고추 따기 · · · · · · · · · · 176
불쾌지수 · · · · · · · · · · 177
인생·2 · · · · · · · · · · · 178
안 되는 일 · · · · · · · · · · 179
인간사 새옹지마 · · · · · · · 180
이별·2 · · · · · · · · · · · 181
달력 · · · · · · · · · · · · 182
뜨거운 커피 한잔 · · · · · · · 183
은행잎 · · · · · · · · · · · 184
아주 귀중한 재산 · · · · · · · 185
흥미진진한 세상 · · · · · · · 186
누구 탓 · · · · · · · · · · · 187
복 받을 텐데·1 · · · · · · · · 188
복 받을 텐데·2 · · · · · · · · 190
우리 당신 · · · · · · · · · · 191
유종의 미 · · · · · · · · · · 192
세상은 참 · · · · · · · · · · 193

처세술	194
부모의 사랑	195
성공의 지름길	196
사랑의 값	197
을미년 저무는 길목	198
저무는 을미년	199
만약에	200
사랑하는 것	201
연말	202
이승의 법칙	203
병신년 해는 뜨고	204
대박이다	205
덕德	206
살아보기	207
나라님들	208
대한민국	209
농자바보지대본	210
윗물	212
긴 여행	213
잘 가게나 친구야	214

물 들어올 때 노를 저어라

무책임한 말씀

젊은 우리들이
무엇을 좋아하는지
어떤 일이 하고 싶은지
본인이 해놓은 일을 보고
행복해하는지
아무 관심도 없으면서
이유도 묻지 않고
무책임한 말씀
네가 좋아하는 일을 하라
마땅히 하고픈 일을 하라
가슴 벅찬 일을 하라
잘못하면 책임지라 하시네.

고향 그리기

고향 떠난 지 오십여 년 대개의 경우
죽어야만 돌아가는 고향 산천이라더니
밤새 흰눈이 소복소복 쌓인 어쩌다가
꿈속에 보이는 그곳 입술이 까맣도록
날고구마 까먹던 그곳이 내 나이 팔십이 돼서야
생각나는 내 고향 한겨울엔
머슴들이 희미한 등잔불 밑에 모여 앉아
메밀묵 내기 화투 치던 고린내가 진동하던
사랑방 오밤중에 별빛 보고 찾아가던 초가집

60대가 어른 행세하고 음흉한 늙은이들이
엉금엉금 살고 있는 고향 동네 삼월이면
앞산 공동묘지엔 연분홍 진달래꽃 장관이요
뒷산엔 노란 개나리꽃이 만발하고
사월 오면 동네 한가운데 600년을 버텨 온
느티나무의 소쩍새는 밤새도록 슬피 울고
여름이면 개천에서 등목하고 고목 느티나무
그늘 아래서 오수 즐기던 그곳이 자꾸만 생각나고
금방이라도 달려가고픈 바로 그 동네

단오 땐 느티나무에 동아줄 매고 남녀 어우러져
그네 뛰던 그곳 내 인생에 가장 자랑스럽고
꿈을 꾸고 희망이 부풀던 시기 그때가
자꾸만 눈에 아리네.

물 들어올 때 노를 저어라

사람이
살아가는데
기회는 언제나
찾아오질 않는다
한번 찾아온 기회를
잘 잡아야 한다
한번 찾아온 기회는
언제
또 찾아올지는
아무도
모른다더라.

늘그막에

늘그막에 좋은 곳 찾아
이곳저곳 유람하고
맛난 음식 골라 먹으며
좋은 잠자리에 즐겁게
놀다 오는 여행 참 좋을시고

빈방에 덩그러니 누워
천장 바라보며 생각하니
웬일인지 허전하더라
늙고 늙어 나이 먹으니
여행도 맛난 음식도
좋은 잠자리도 피곤만 하지
별것이 아니더라

가까운 친구나 찾아가
막걸리 한잔이 제격인데
찾아갈 친구 하나 없으니
혼자 누워 빙그레 웃고 나니
나도 몰래 두 눈에 눈물이 주루룩
내가 벌써 그런 나이였나.

만시지탄

인간으로 태어나
한 세상을 바쁘게
살아간다는 것이
가장 큰 죄라는 것을
깨달았을 때
고달프게 살아온
이내 몸뚱이를 조용히 바라보며
늘 번뇌와 긴장 속에 살아온
내 마음을 늦게나마
돌아보고 생각하며
편안하게 내려놓은
번뇌의 시간들 이제는
새로운 느낌으로
살아보리라 다짐은 한다마는.

세월아 멈추어 다오

세월아 딱 멈추어 주면 얼마나
고마울까 이 세상에 태어난 것을
고맙고 기쁘게 생각하며 탈 없고
어려움 없이 예까지 왔네 이제껏
그때가 내 인생에 자랑스럽고
빛나는 시기였나 보네 언제부터인가
서서히 겁쟁이가 되더니 쉬운 것도
어렵게 보이고 매사에 자신이
없어지네 등산을 하든 여행을 가든
조금만 늦으면 핸드폰에서 불이 나지요
그래도 하고픈 일 먹고픈 것 먹고 즐기며
살아왔으며 일 욕심도 많고 호기심도
많았으나 이제는 매사에 겁이 나고
싫증이 나더니 일이라면 아예
쳐다보기도 싫어지네 이 모든 것이
나이 탓만 같으며 놀기도 싫고
일하기는 더 싫으니 세월아 지금이라도
멈추어 다오 멈추어 주면 이 얼마나
고마울까.

을미년 마지막 밤에 · 1

밤이 오면 오만가지 생각 때문에
잠을 설치고 이리저리 얽히고설킨
세상살이 늘 좋은 생각으로 세상을
빛내고 살았으면 좋으련만
애국자가 아니래도 좋으니 쓸데없이
남의 일에 참견 말고 혼자 잘살아 보거나
유명 인사가 아니래도 좋으니
혼자 잘난 체들 하지 말고 표현할 수 없는
수치심과 고통도 감내하고
남의 일에 끼어들어 훼방이나 말고
모든 노력이 실패한다 하여도
벌레 씹은 허탈감일랑 지워 버리고
참된 이웃으로 돌아가 좌정해 보세
새해 병신년에는 많이 걷고
아프지 말고 그래도 믿을 수 있는
착한 인사로 살고 싶어라.

을미년 마지막 밤에·2

보신각 종소리에 을미년이
달아나니 병신년 새해가
밝아 오고 지난날을 돌아보니
잘한 일보다 잘못한 일이 더 많아
후회막급이로다 숨 가쁘게
돌아가는 수레바퀴처럼
남에게 뒤질세라 앞만 보고
달려온 멍청한 인생사
조급한 마음에 살펴볼 부분
지나쳐 버리고 매사 정신없이
서두르다 누군가 상처 받지 않았는지
낭패 본 일 없는지
조금은 차분하게 병신년의
첫발부터 침착하게 하나하나
풀어 보는 일 남에게 불편함이
없도록 노력하리라.

고갯길

단숨에
뛰어 오르내리던 뒷동산이
나이 따라 험해지고
세월만큼 멀어지고
단숨에 오르던
동구 밖 고갯길이
언제부터인지
바라만 봐도
힘에 부치고 숨이
턱밑까지 차오르네.

한낮의 개꿈

해넘이 저녁나절
맑은 시냇물에
피라미 떼 물차오르고
밤이면 소쩍새가
그렇게 슬피 우는데
느티나무 밑 동네 어르신
자리 깔고 누워 부채질하고
백설 같은 호호백발
산신령 할아버지.

이 세상에 · 1

태어나지 않았다면
가는 길에
서운하거나 아쉬움도 없으련만
후회 없이 살아가다 후회 없이
떠나는 것 생각이나 하였을까
사는 것이 무엇인가
허무하고 허무한데 제아무리
살아생전 부귀영화 누렸다 해도
막상 갈 생각을 하니
무섭고 서럽고 아쉬운 줄
내가 미처 몰랐구나 조용히
떠남이 정답이 아닐까.

이 세상에 · 2

이 세상에
가장 아름다운 꽃은
봄에 피는 진달래꽃
개나리꽃도 아니고
오월에 피는
새빨간 장미꽃도 아니며
가을에 피는
샛노란 국화꽃도 아니오
꾸부정한 우리 그대 등 위에
새빨간 고추 따느라 땀에
푹 젖은 적삼 위에 핀
말라 얼룩진 소금꽃이라네.

고봉 밥상

아버지 아버지 우리 아버지
스물두 해 만에 새집 짓고
눈물마저 말라 버린
우리 어머니 모셔 갔다네
이승과 저승에서
마주 보며 사랑하시던
우리 아버지 어머니
갑오년 7월 4일 다시 한몸 되셨다네
눈이 오고 비가 와도
산비탈에서 스물한 해를 혼자
얼마나 적적하셨으면
진달래꽃 피고 지고 밤꽃 열매 맺히니
우리 엄마 모셔다가 신방 꾸미셨다네
휘영청 달빛 아래 서로 껴안으시고
덩실덩실 춤을 추셨다네
우리 엄마 고봉 밥상 차려
아버지 앞에 놓으셨다네
달그락달그락 설거지 소리
천년만년 해로하시겠네.

겨울 도봉산

눈과 바람이 빚은 걸작
겨울 도봉산
눈과 바람이 밤의 정적 속에
쌩쌩거리며 분주하게 상고대를 빚고
부지런히 눈꽃을 활짝 피웠네
인수봉 뾰족 봉우리
포대능선을 흰눈으로 뒤덮고 나니
한 폭의 풍경화로 되살아나
양의 등처럼 포근하게 쌓여 있네
어느 명산에 비할까
뽀드득뽀드득 등산객 발자국 소리
눈길 밟고 빠지고 칼바람을 맛으며
엉금엉금 눈 쌓인 산비탈을 기어
힘겹게 정상에 오르니
탁 트인 온 세상의 설경이 사무치게
나를 반겨 주네.

사명

예전 우리네 어르신들보다 훨씬
오래 살고 있지만 그래도 더 살고픈 것이
인지상정이랄까 이 세상에 살아 있는
친구들보다 일찌감치 저세상으로 간
친구들이 훨씬 많은 나이가 되다 보니
죽음도 삶의 한 변형으로 받아들이기 마련인데
우리가 의식하는 한 전생과 현생이
늘 내생에 존재하는 것 같기도 하다
누구나 맘대로 꺾을 수 없는 일상생활 속에서
걷어 올리는 시제 누구나
이해할 수 있는 시구 하나하나가
내 정신을 가다듬고 펜을 굴리고 있다
되도록 짧고 구체적인 형상을 보여 주려
노력하는 것도 시인의 한 사명일 텐데.

삶의 지혜

숨 가쁘게 살다보니 덧없는 세월
저만치 달아나 버리고
잃어버린 세월이 아까워
무엇인가 꼭 보상받고픈 마음
이리저리 치이다 보면 감성에
굳은살은 깊이 박히고
치열한 갑론을박 싸움하다가
다시 일어서기 위해 늙을 수는 없고
나 자신을 알고
주위를 돌아볼 줄 알면 세상을
꿰뚫어 보는 지혜가 생기는데.

꿈은 이루어진다

운명은 정해져 있지 않으며
운명은 노력하는 자의 편이다
어긋난 인생 행로 고된 삶 속에서
벗어나지 못하고 있다면 그것은
내가 무엇인지 잘못하고 있는 것이지
운명이 그렇게 타고난 것은 아니다
사전에 결정난 운명은 없는 것이니
언제나 기본에 충실하고
늘 초심을 잃지 않으며
자기 자신의 마음을 속이지 말며
간절히 원한다면 꿈은 이루어질 것이다

정월 보름달

나 어릴 적에 보름달은
무지무지 커 보였는데
언제부터인가 왜 이리 작게 보이나
달도 차면 기울고 기울면
다시 차오르는 우주의 오묘함을
뭐라 막을 수가 있는가
정월 대보름달이 각별함은
남녀노소 누구나 한번쯤은
합장하며 기도했으리
영하를 맴도는 차가운 겨울밤에도
휘영찬란하게 밝은 보름달빛이
은은하고 애잔하구나
잠시 구름으로 얼굴 가리다
불쑥 튀어나오는 보름달
잡으러 달려가 볼거나
저 밝은 정월 대보름달은
언제나 두둥실 떠올라
온 누리를 비추어 주는데.

도심 속의 오지

한 번도 갈 일도 없었으며 한 번도
가보지도 못한 곳 60년을 서울에서
살았지만 그곳의 존재조차
모르던 그런 곳 밤이면 불 켜진
집보다 깜깜한 집이 더 많으며 지은 지
50년이 훨씬 넘어 사람 살기 불편한
폐가 같은 5층짜리 고물 아파트
이사 갈 돈도 없고 그냥 앉아서
굶어 죽을 수 없어 돈 되는 것이면
도둑질 빼곤 아무 일이라도 해야
살 수 있는 곳 그런 환경 속에서도
강인하게 힘겹게 버티고 살아가는
이들 자신들 행위에 전적으로
책임질 줄 알기에 인간이 존엄한 것
최소한 자신과의 약속을 지킬 줄 알며
공기와 바람과 햇볕 이외엔 모든 것이
부족한 곳이기에 젊은이는 찾아볼 수 없으며
오갈 데 없는 노인들의 천국의 나라
여기가 그런 곳이더라.

줄행랑

병신년 1월 마지막 날 보내며
내 인생의 가장 자랑스럽고
빛나는 시기는 도대체 언제였나
잠시 돌아볼 땐 그제서야 보이는
일상의 미학 지나온 순간순간이
쌓이고 보니 내가 왜 살았는지
생판 모르겠네 아듬아듬 기억을
더듬어 지난 일을 생각하니
후회스런 일들이 훨씬 많은 것 같네
늘 좋은 생각으로 이 세상을
빛내 보려 하지만 금세 딴생각을 하니
내 맘대로 되지가 않으니 분명
죽기 위해 세상에 태어난 이가 어데 있나
잘 먹고 잘살려고 태어났으련만
세월은 나 몰래 줄행랑을 치는데.

그믐날 밤에 · 2

뿌려야 거두듯 나눔을 실천하면
돌아오는 것이 자연의 이치요 섭리거늘
약육강식 적자생존이 공공연하게 이루어지는
현상에서 살아남기 위해서는
때론 뻔뻔스럽고 철면피가 되듯
피도 눈물도 없는 세상 너 죽고 나 살자는
막가파 세상인가 때론
부모의 극진한 자식 사랑이 너무 지나쳐
과보호에 오냐 오냐 키우다 보니 버릇 없고 부모 알길
우습게 알며 나만 알고 남에겐 인색한 것이
몸에 이골이 나 인생의 가치관을 고치기가
어렵고 봉사는 남이나 하는 것으로 착각하고
뿌려야 거두는 보통의 상식까지 잊고
받아만 봤지 베풀 줄 모르는 멍청이 인간만
양산될까 두렵다네 안 뿌리고 거두려는
욕심쟁이 그릇된 자식 세상 한세상 살아가기가
자연의 섭리와도 어긋남이 아닐는지

남자의 일생

사나이 대장부로 이 세상에
태어나서 부모에겐 기쁨 주고
나라에는 충성하며 주경야독
노력하여 자수성가 이루었네

천생연분 짝을 만나 자식 낳아
애지중지 잘 키워서 뼈 빠지게
노력하여 시집 장가 보내 놓고
만고풍상 이겨내고 봄날같이
살아왔네 지난날을 생각하니

부모에겐 효도하고 자식에겐
부모답게 아내에겐 남편답게
후회 없이 살아왔네 고생 끝에
낙이 있어 살 만하니 늙어 가고
쉴 만하니 백 세까지 살라면서
죽는 날까지 쉬지 말고 일만 하라네.

값진 인생 · 2

바람과 세월이 휩쓸고 간 자리
험한 인생 힘겹게 살아온 인생사
그래도 오묘한 세상살이
어렵게 살아온 발자취만 남기고
젊음을 다 바친 내 청춘은 어느새
저만치 달아났지만 후회 없는
삶이었기에 행복했지요 바리바리
싸아서 유학 보낸 손자들 있기에
아깝고 힘드는 줄 몰랐다네
어렵고 힘든 만만치 않은 가시밭길
험한 세상살이였지만 그래도 말년엔
본받을 친구 훌륭한 이웃이 있어
얼마나 값진 인생이었나 오래도록 내가
사는 날까지 아니 내가 지금 죽는다 해도
모두모두 고맙고 잊지 못할 것 같은데.

봄은 오겠지

자연의 섭리에 따라 해가 지면
달이 뜨고 아쉬운 감정에 젖어
지나온 한해를 더듬어 보네
세모에 종소리 불꽃놀이
와글거리는 소리들 틀림없는
연말연시로다 흘러가는 세월
누가 막으랴 천지는 장구하며
시작도 끝도 없는데 우리네 인생
순식간에 끝이 난다네
아쉬운 세월은 말없이 흘러가고
돈보다 사람이 더 중요하다고 말들은 하지만
막상 돈 앞에신 어린애부터
호호백발 늙은이까지 돈병에 걸린
불치병 환자 같기도 하다네
날이 가고 달이 가면 어김없이 한해는
가고 말겠지만 그래도 새봄이
기다려짐은 인지상정이 아닐까?

아내의 생일에

어쩌다 만날 때마다
염치없는 새치는 내 새끼들
머리를 조금씩 점령하고
사나이 대장부로 대견스럽게
우뚝 장성한 자랑스러운 손주 녀석들
험한 세상 힘겹게 거느리고
사느라 참 고생 많이 하여
나날이 기운 빠지고
백발이 성성하고 왕주름살에
바싹 늙어 버린 우리 마나님
그래서 볼수록 더 슬프고 괴로운 나는
이 자리를 얼마나 더 지킬 수 있을까
마음 같아선 일 년 내내
업고 다니고 싶은 심정이지만
남은 여생이라도 빨리 더는 늙지 말고
예전으로 돌아가 팔팔하고
건강하고 행복했으면 얼마나
고마울까.

귀향

사람들은 자궁子宮에서 태어나
생로병사生老病死 우주의 섭리에 따라
천궁天宮으로 돌아간다

사람들은 어미젖 먹으며 자라나
늙어 가기 위하여
나이를 먹는다
나이를 먹는다는 것 결코
나쁜 것만은 아니더라

사람들은 잘 태어나서 잘살다가
잘 죽고 싶은 것
인지상정인데.

살아내기

살다보면 웬일인지 죽고 싶을 때가 있다
앞길이 막막하고 허무해서 한 가닥 목숨을
어디에도 걸어볼 때가 없는 것이 인생이라는
생각이 엄습하기도 한다. 때론 내 나라 내 이웃이
깊은 적진 속에 갇혀 있는 것 같아 울며 걷는
그런 날이 있는가 하면 오만가지 근심 걱정이
문득 사라지고 모든 것이 흡족하고 즐거운 날도 있으니
도대체 이 한몸을 안 받아 주는
세상에 대한 미움과 분노가 조금은
잠잠해지는 인생이 참 살 만하구나 싶을 때도
여럿이 모여 사는 방식이 제각각이라
살고 싶기도 하고 죽고 싶기도 하리라
내가 왜 사는지 도통 알 수가 없을 때도 있으나
산 사람은 어떻게든 살 것이오
살아가려 발버둥치고 그렇게 살아낼 것이다
우리의 생각과 행동이 생산되는 원천은
바로 우리의 마음속에 있으니.

운명·2

운명은 정해져 있지 않으며
이미 결정된 운명도 없다
노력하는 쪽으로 따라갈 뿐이다
어긋난 인생 행로
고된 삶 속에서
벗어나지 못하고
남 탓만 한다면 무엇인가
잘못 살고 있는 것이
아닐는지.

의무

닭은 새벽을 알려 주고
개는 도둑을 지켜 주며
소는 논밭을 갈아 주는데
사람은 나라에 충성하고
부모에 효도하며
수신제가 의무를
다하고 있을까.

세월아

겨울 가면 봄이 오니 꽃이 피고
새가 울면 좋은 소식 있으려나
세월아 나이야
너희들은 언제부터 단짝이라고
손잡고 줄행랑을 치느냐
너희 때문에 해가 뜨면 금세 지고
달도 뜨더니 어느새 서쪽으로
얼른 숨어 버리더라
그러더니 내 나이까지 덩달아
뒤도 안 돌아보고 너희들 쫓아가는구나
나이만이라도 두고 가면 안 될까
2년에 한 살씩 먹게 나이만이라도
두고 가면 참 고마울 텐데.

더불어 사는 인생

너와 더불어 살아 행복하고
나의 존재 원인은 내가 아니라
네가 있음으로 내가 존재하며
내가 행복하기 위해서는
내 주변이 행복해야 되고
내가 성공하기 위해서는
내 주변이 모두 성공해야 되며
병신년丙申年에는
내가 아닌 너를 더 보살피고
우리 모두 행복하고
건강한 한 해가 되기를….
빛이 흘러들면 어둠이 사라지듯
행복이란 빛이 흘러들어
우리 모두 행복한 사회가 이뤄지기를.

먹거리

내가 먹는 먹을거리 언제 어디서
어떻게 키워 내 밥상까지 왔는가
먹을거리를 위하여 농민들이
흘린 피와 땀을 한번쯤 생각해 보았을까
농작물은 하늘에서 뚝 떨어진 것도 아니며
공장에서 제조할 수도 없으며
오로지 농부의 손끝에서 심고 가꿔야 되는 것을
힘없고 돈 없고 늙어 버린 농부들
막다른 골목에서 아등바등 힘겹게
농사짓는 퇴물 늙은 농부들 그들이 있기에
우리 백성들 배불리 먹고 사는 줄 알기나 할까
자급자족 식량 안보 큰소리치던
먹물 든 것들 수입이 만사형통으로
아는 무리들 점점 어렵고 고되고
때론 일상화된 기상이변으로 수확량마저
예측 불가능한 현실에 한번쯤
피땀 흘리는 농부들 생각하면 안 될까
농자천하지대본農者天下之大本이라 했는데.

보기 싫은 거울

어쩌다 거울 보니 이내 모습 참 많이도
늙어 변해 버렸구나. 이내 몸이 늙은 것은
자식들 가르치고 키우느라 고생 좀 한 덕분이니
훈장 받을 일이 아닐까
늙었다고 후회하진 않을 걸세 세월 탓이지
내 잘못은 아니오 상 받을 일도 벌 받을 일도
아닐세 그래도 젊어 고생한 보람은 있어
이만큼 마음 편히 살고 있지 않은가
이렇게 고생하며 늙지 않았다면 아마도
일찍 불귀의 객이 되었을지 어찌 아나
그래도 일찍 요절하는 것보단
늙어 볼품없어도 조금 더 오래 살고픈 것이
사람 마음 아닐까 그땐 무에서 유를
창조하느라 젊어서 돈을 모으는 것뿐
자식들도 손이 덜 가도 알아서 잘도 자랐으니
지금의 손자들이 이렇게 예쁘고
귀여운 것이 아닐까 인생은 견디고 지키고
사랑하며 사는 것 그것이 인생이 아닐까.

왜 그런지

너무 늦은 감은 있다
연말연시를
떠들썩하게 보내느라
그만 나이 먹는 것을
깜박했네
나이를 계속 먹어도
괜찮은 건지
너무 많이 먹어
체하는 것은 아닌지
왠지 종잡을 수가 없어
우울해지려 하네.

어쩌다가

내가 중장년 연배 땐
손윗사람에겐 무조건
공경해야 하는 문화 속에서
살아왔는데 이제 내가 나이 들고
어른 되어 그동안 해온
공경을 받아야 할 나이 되니
사회가 변했는지
공경 못 받는 문화 속에
놓여 있는 것 같으며 우리는
부모 공양을 천직으로 알고
실천한 세대지만 자식에게
봉양을 기대하기가 어려운 것은
세월이 많이 변한 탓도 있으나
한편으론 청소년 흡연을 나무랐다가
발길질 봉변당하는 세상 탓하며
알고도 모른 척하는 우리 탓이 아닐까.

인생 낭비

나는 누구를 위하여
무엇을 위하여
살아가고 있는가
무엇이 나의 원동력인지
늘 고민을 하며 살아왔다
언젠가는 경험이 쌓이고
세상을 보는 시각이 무르익을 때면
나는 어떤 형태로 살아갈까
미련한 인간은 불확실한 것에
확실한 것을 걸며 승부한다
열심히 살다보면 언젠가는
알게 모르게 복福은 찾아들기
마련인데 그새를 못 참고
헛된 감정에 휘말려 인생을
낭비하려 들더라.

중년 세대

어떤 이의 자식으로 태어나서
알뜰살뜰 애지중지 길러졌고
누군가의 부모가 될 젊은이들
어쩌다가 반중년을 살아보니
이제서야 참인생이 보이는 것
불안함과 두려움과 후회 없이
살아왔네 앞으로도 경이롭게
살아가는 수많은 날들에게
새로운 중년 세대 아름답고
후회 없이 살고지고.

춘래불춘래

꽃샘추위가 한발 물러가더니
하루가 다르게 봄소식은 전해 오고
인생의 행복은 자기만의 성취인가
지금 이 순간을 어떻게 생각하고
바라보느냐에 달려 있을 것인데
사람들은 각자 자신의 업이 있다
그 업을 짊어지고 평생을 사는 것
만고불변의 법칙 같은데 불가능을 향한
내 꿈 내 인생은 언제나 그랬다
이미 정해진 운명을 뒤바꿔 볼까 싶어
엉뚱한 곳에 갔다 가장 안 좋은 일을
딩하거나 자칫 큰 재물을
잃을까 봐 걱정이 앞서는 것 기우일까
시장 경기는 몇 년째 암울하고
전도가 밝은 것 같기도 하다만.

꽃샘추위

칼바람에 꽃샘추위
늙은 어깨 움츠리고
지난겨울 동장군 행패
아련한데 추적추적
겨울비는 하염없이
내리더니 봄이 오네
봄이 오면 설렌 마음
지나가면 그리운 법
겨울들아 동장군아
잘 가거라 봄꽃들이
활짝 피면 그 향기에
듬뿍 취해 너의 허물
잊어 주마.

반 젊은 세대

밤이면 어둡다고 불평하지 말고
네 자신이 어둠의 불을 밝혀라
그러면 한번도 네 편인 적 없던
네 운명이 서서히 네 편이 되리라
어려운 역경을 견디는 자세는
어려운 역경을 이기는 자세로
언제나 초심을 잃지 않으며
초심을 잃지 않기 위해서는
꾸준히 첫 번 먹은 마음을 계속
만들어 내는 길이 우선이다
쓸데없이 헛된 감정에 휘말려
인생을 낭비하지 말며
두려움 없이 후회 없이
멋지게 나이 들고 멋지게 살고픈
반중년 세대들이여
남 탓하지 말고 언제나
네 자신을 알라.

인생은 미완성

삶이 무겁고 힘겨웠던 그때
그 시절 여유 없이 허둥대다
훌쩍 지나온 그 세월이 신기하기만 하더라
저주 받은 인생 차마 말도 못하고
지우고 싶던 그 시절 꾹꾹 눌러
참아온 세월 그 세월이 얼마인가
한꺼번에 뒤집어 버릴 것 같은 세상
그땐 헛된 오기 오만으로 가득했던
그 시절에도 미완성 인간은 날뛰고
혼자서만 잘난 인간들은 갈팡질팡하고 있는데
무정한 세월은 거침없이 달려가고
해결은 언제나 시간 몫으로 남기고
염라대왕은 어디에서 졸고 있는지

나는 하나

이 세상에

나 홀로 태어나
나 한 사람에 불과한데

이 세상에

나 홀로 살 수 없지만
나 하나가 전부가 아닌 것

이 세상에

나 홀로 왔다가
나 홀로 떠나가는 것

그것이 인생이다

아, 옛날이여 · 2

아, 옛날이여 지나온 과거여
배곯았던 젊은 시절이여
다시 생각해도 싫은 그때여
먼지 풀풀 날리던 자갈길 신작로에
새까만 교복 입고 흰 먼지 뒤집어쓰고
지각할까 봐 2시간 남짓 삼십 리 길을
뛰다 걷다 달리던 그 시절이여
지금 새삼스레 그리운 것은
춥고 배고픈 시절이 그리워서일까
등하굣길 소나기 올라치면
포플러 가로수 밑에서 비 피하던 시절
겨울이면 등하굣길에 살짝 언
물구덩이에 풍덩 빠지던 시절
이제 와 생각하니 용케도 견뎠구나 하는 생각
오늘따라 그때 그 시절이
조금은 그리워지기 때문이랍니다.

신나는 일

내 나라 내 조국을
갖고 있다는 것
우리 강산 내 고향을
언제든 오갈 수 있으며
내 부모 내 형제 이름을
목청껏 부를 수 있고
노력하면 이룰 수 있으며
서로서로 사랑할 수 있고
내 나라 내 조국 품에 안겨
꿈을 꿀 수 있으며
봄, 여름, 가을, 겨울,
사세절이 뚜렷한 곳
바로 우리 대한민국
만세 만만세로다.

허기

부모 잃은 설움보다
더 절박한 설움은 배고픔이라는데
그 어떤 설움보다 배고픔의 설움은
비할 데가 없다는데 몇 끼 굶어
배 속에서 나는 저주스런
꼬르륵 소리를 어데다 비할까
그래서 옛날부터 3일 굶어 도둑질 안 하는
장사 없다고들 하였나 보네
인간은 허기 채우려 못하는 것이 없는 것
배고픔 앞에 우선하는 것은 없다 하며
배고픔 앞엔 오직 죽음뿐이라네
국가나 민족이 왜 필요할까
옛날에도 백성들 배가 불러야
태평성대라 하였는데.

노년의 지혜

사람은 위기에 처했을 때가
가장 위대하다
인간의 뇌는 과거를 소급해
오늘을 살고 미래를 예측하며
지혜의 눈으로 먼 미래를
내다보며 마음과 입은 사회에
불안과 공포를 들이대지 않으며
냉정한 잣대로 사리를 판단하고
상하좌우로 조율하며
험한 세상을 헤쳐 나갈
지혜가 있으며
늘그막엔 따듯하고 편하고
아름답고 넓고 밝은 세상을 향해
조용히 앞으로 나아갈 뿐이다.

양심의 가책

살아가노라면
사람을 못 알아보거나
보지를 못 하거나
듣지를 못 하고
그냥 지나칠 수는 있다
그러나
알고도 모르는 척
보고도 못 본 척
듣고도 못 들은 척한다면
얼마 못 가서
양심의 가책을 느낄 것이다.

네 탓 아닌 내 탓

자기 주장에 집착하지 않는 것은
상대방 주장에 귀를 기울이는 것이오
자신과 상대방의 입장을
바꾸어 생각하는 것이다
나만이 옳다는 집착에서
벗어나는 것이 옳은 판단인데
선거 때라 그런지 세상 사람들은
너 나 할 것 없이 나의 허물은
안 보고 남의 허물만 들추어내며
남의 탓만 하는 것 같다
선거판이 그러하고 사회가 그러하며
정치 경세가 그러한 것 같나
이제라도 늦지 않았으니 내가 먼저
남의 탓이 아닌 내 탓이라 생각해 보면
온 세상이 따듯해 보일 텐데.

입방아

능력 없고 피둥피둥 놀면서
돈을 물 쓰듯 하는 사람들
남들이 보면 참 신기하고
호기심이 많을 수도 있지만
선대들이 많은 덕을 쌓았고
부모 복을 많이 받았으면
그럴 수도 있으려니 생각하면
트집 잡을 일은 절대 아닐 텐데
본인도 알아서 나대지 않고
조금은 겸손하고 자중한다면
남들도 쓸데없이 헐뜯고
물어뜯고 입방아 찧는 일은
절대로 없을 것 같은데.

물소리

물은
어디서 왔다가
어디로 가고 있나
고요한 밤
들을세라
슬며시
발꿈치 들고
졸졸졸 물 가는 소리
소리 없이
제 부모 찾아가나.

살아가다 보면

한 사람의 삶을 평가하는데
여러 기준이 있는 바
한 세대를 살아가면서 무엇을
얼마나 이루어냈느냐도 중요하지만
정직하게 호흡하고 얼마나
가치 있는 삶을 살아왔느냐가
중요한 삶의 척도가 아닐까

운명이 내 편이 되어 주길
바라지 말고 자신의 운명을
자신이 개척하는 것이 옳지 않을까.

안식처

네 몸은 네가 돌보고
내 몸은 내가 잘 돌보는 곳
가득 채운 수증기 속 벌거벗은
군상들의 천진난만함이여
누가 사장인지 직원인지
누가 거지이고 억만금의 갑부인지
아무도 구분할 수 없는 곳
하루 일과 마치고 고단함을
뜨거운 수증기 속으로
알몸으로 풍덩 빠져 영혼마저
편안함을 누리는 곳
내 몸을 뜨거운 물에 퉁퉁 불려
빡빡 문질러 깨끗이 닦는 곳
어머니 배 속같이 포근하고
편안한 뜨거운 안식처여.

봄이 왔습니다

4월의 봄이 왔습니다
서울 시민은 흐드러진 벚꽃 축제에
윤중로에 몰려들고 늙은이
마음속에도 싱숭생숭한 봄은 왔는데
언제까지 가진 것에 만족할 줄 모르며
그 어떤 것도 인간의 탐욕을 채울 수는 없다는데
구들장 신세 그만 지고 탁 털고 일어나
창문을 활짝 열어 보세요
개나리꽃 진달래꽃이 당신을 유혹하고
만물이 생동하는 4월의 봄이
당신을 기다립니다 얼른 나가 보세요
오래 살고 싶은 욕심에 값비싼
보약 챙겨 먹는 사람보다
약초 캐는 심마니가
더 건강하다는 것을 알고는 있겠지요.

마지막 체험

죽음은 연인 부모 처자식 모든
지인들과의 인연을 끊어지게 한다
다시는 볼 수 없기 때문에 비극적인
무력감 사람이 경험할 수 있는
마지막 고통스런 감정이다
사람은 죽음 앞에서 막바지
발악을 하며 이길 수 없는 싸움을 한다
승산 없는 싸움이지만 사후에 일을
아무도 모르기 때문에 무섭고 겁나
악착같이 덤벼 보지만
언제나 판정패를 당한다
아마도 죽음을 체험해 봤다면
그렇게 두렵고 무섭진 않겠지만
누구도 죽음의 체험이란 없으며
체험이 시작이자 마지막이기 때문에
겁을 먹을 뿐이다.

골든 타임

때를 놓치면
두고 두고
후회하는 것들
농부들의
씨 뿌리는 시기
청소년들의
공부하는 시기
청년들의
결혼하는 시기
거짓은
즉각 폐기하고
진실은
영구 보존하여라.

지난 세월

이곳에 태어났으니
좋든 그르든
여기에 발붙이고
정붙이고 살아온 세월
사람들과 함께
어떻게든 살아보려 기를 썼네
몇십 년을 슬프고
절망스러웠던 그 시절
사랑해야 할지 미워해야 할지
증오하고 때리고 상처 주는 것
되돌아보고 싶지 않은
세월인데 어느새
몸에 배고 익어 버렸으니.

시인이 된다는 것

늘그막에 시를 써 등단하여 시인이 된 지
벌써 10년이 훌쩍 넘었는데
시를 쓰고 또 써봐도 직업 시인으로
하루 세끼 끼니 때우긴 그른 것 같고
고료로 생계 유지하는 시인은 몇 안 되며
아주 드문 일이오 시인이 되려면
어느 정도의 재력이
뒷받침이 되어야 할 것 같다

시인이 되어 시를 쓰기가 여간
버거운 것이 아니지만 그래도
조금은 인정해 주는 곳이 늘어나는 것
나잇값 하려는지 기력은 점점 떨어지니
별것 아닌 일에도 버럭 화를 잘내게 되고
믿고 의지할 수 있는 친구나
함께 어울릴 친구마저 찾기도 쉽지 않다
어려움 속에서도 참고 견디며 계속
시를 쓰는 시인 여러분 경의를 표합니다.

봄날의 망중한

파릇파릇 봄날의 푸른 새싹
지난밤 내린 비에 쑥쑥 잘도 크네
살아 있는 것 자체가 대자연에서
받은 크나큰 선물이 아니겠나
우리 모두가 부자가 된다는 것은
모두가 거지가 된다는 소리 같고
모두를 만족시키겠다는 소리는
아무도 만족시킬 수 없다는 소리 같고
모두를 잘살게 해주겠다고 큰소리치며
구걸하지만 모두 거짓말 같으니
나이 드는 것에 겁을 먹는다는 것은
아무 생각 없이 나이를 먹기 때문 아닐까
곰곰이 생각해 보니 오월 오면
빨갛다 못해 검붉은 장미꽃이 피고
늙은 이 몸의 가슴이 다시 쿵쿵 떨리나.

저속의 미학

고령화 사회에서 사는 노인들
건강하게 늙어 가기란
그리 쉽진 않을 것 같은데
늙어 가며 건강을 계속 유지하기 위한 자기관리
적절한 의료 서비스가 중요하며
고령자가 사회적 퇴물이 아닌
사회적 배려 및 능력에 따라 일을
더 할 수 있도록 알맞은 일자리를 마련하여
자립할 수 있도록 하여
추하고 볼품없이 늙어 가는 노인들
늙은 만큼 품위를 유지할 수 있도록
배려하고 복지 문제도 획기적으로 개선하여
죽는 날까지
사람 노릇하며 유종의 미를 거둘 수 있게 해야 한다
자연 이치에 순응하는 노인들 모습
길고 긴 세월을 빠르게만 살아온
노인들의 욕심은 이젠 세월만이라도
느린 저속으로 살아가기를 바라는데 욕심일까.

작두

누구나
생生의 시작부터
신명神明나게
작두에 오른다
다만
칼날에 타든가
칼등에 타든가는
운運에 달렸다
하지만
칼등에 탄다 하여도
다치는 수는 얼마든지 있다.

내 몫인 것을

한세상 살아가기가 이렇게
힘든 줄 왜 진작 몰랐는가 까짓것
세상이나 확 바뀌어 버렸으면
어느 땐 확 죽어나 버렸으면
지난 과거 생각하니 소름 끼치네
여럿이 힘 모으면 큰 힘이 되는 것을
아등바등 버겁게 살아왔는데
딱 한 번 사는 인생 사는 동안
신나게 살고픈 것이 인생인데
내 뜻대로 되는 것은 없다 해도
세상이 열 번을 바뀐다 해도
내 삶은 전적으로 내 책임이오
잘살든 못살든 모든 것이
내 몫인 것을.

가로등 불빛

가로등 불 밝아지면
부촌은
밤이 깊을수록 적막하고
빈촌은
밤이 깊을수록 활기가 넘치고
부촌은
집 안에서 즐거움을 얻고
빈촌은
집 밖에서 즐거움을 찾고.

고사목

바람에 흘러가는 저 구름아
너 갈 곳을 알기나 하고 가느냐
흐르는 강물인들
제 갈 곳을 알기나 하고
흐르고 있을까
저기 저 산꼭대기에
언제 죽은지도 모를 주목이여
만고풍상 겪으며
뼈대만 앙상한 고사목이여
행여 가는 길손 헤맬까 봐
어제도 오늘도 늘
그곳을 지키고 있느냐.

불청객 · 3

이 세상에 나오고 싶어
나온 것은 아니련만
어찌 보면 불청객으로
이 세상에 온 것 같은데
아마도 십중팔구는
자신이 불청객이라
생각하는 것은 모두가
빈손으로 이 세상에 온 것을
깜빡 잊고 돈 잔치에
초대받은 줄 착각을 하기 때문일 게다
이 세상에 나올 의무나
아무 책임감도 없으련만
어쩌다 이 세상에 태어나
한 많은 세상을
고달프게 살아가고 있구나.

양심

세상 사람들 누구나
양심껏 행동한다면
사실상 법은 필요 없다
양심 불량 때문에
법을 만들어
인간을 다스리는 것
마음이 잔잔할 땐
바른 행동을 하지만
마음이 혼탁할 땐
어긋난 행동을 하는 것
사람의 마음은
바르게도 그르게도 인도한다
그래서 사람들은
극락에도 가고
지옥에도 가는 것이 아닐까.

겨울 참외

지난겨울 함박눈이
펑펑 잘도 쏟아지더니
때 아닌 꽃샘추위에
영하 18도까지
곤두박질치더니
동장군은 기승을 부리는데
마트 안에 노란 참외가
그득 쌓여 있네
옆에 놓인 사과 배들이
볼품없이 보이고
2월에 참외라니
신통하기도 하구나
겨우내 농민 수고에
고개가 절로 숙여지네.

부모

부모가 큰 기대를 걸며
공을 들여 자신 있게
이 세상에 내놓은
걸작품이오
아주 귀중한 보물은
노후를 의탁하고
가문을 빛낼
그 자식이며
부모는 그 보물의 가치를
철석같이 믿었는데
세상이 변해서인가
언제부터인지
그 보물이
애물단지가 되더니
부모의 기대를
저버리네.

사람의 운명

인간의 운명은
정해져 있지 않다
인간의 운명은
노력한 자의 편이다
어긋난 인생길과
고된 삶 속에서
벗어나지 못하고 있다면
그것은 본인의
노력 부족일 뿐이다
재복 건강 성공 등은
사전에 정해진
운명 같은 것이 있나 한들
믿을 것은 못 되는 것
간절한 희망과
부단한 노력 그 외 또
무엇이 필요할까.

봄은 가고

봄이 오는가 싶더니
어느새 서서히 물러나고
꽃은 피는가 싶더니
어느새 서서히 지고 있는데
여기저기 봄꽃 축제는
끝을 향해 달려가고
여기저기 봄나물 축제 보려 오는지
성질 급한 여름이 냉큼 찾아오네
봄도 가고 꽃도 지니
이 청춘마저 서서히 시들어 가고
젊을 때는 아름다운 꽃이
이렇게 예쁜 줄 몰랐는데
오늘 이내 나이 팔십이 되니
옛날 생각 절로 나고
꽃잎 떨어진 빈자리엔
열매 맺히니 돌아온 여름이
그 열매를 탐스럽게 키워 주겠네.

허세

사람들은 누구나
자신을 높게
평가받는 것이
마땅하다고
생각을 하니까
아첨꾼들이
그 틈을 비집고 들어와
허세를 숙주 삼아
기생하려 든다.

큰코다치는 일

누구나 바라고 원한다고
모두 이루어질 수는 없다
쇠똥구리 곤충은
황금도 돈도 아닌 오직
자신이 굴리고
감당할 수 있는 만큼의
쇠똥만 가져간다
하지만 인간의 욕심은 끝이 없어
너무 큰 욕심을 부리다
큰코다치게 되는 것이다.

늙는다는 것 · 3

어찌 보면
나이를 먹는다는 것은
너와 내가 똑같은 것을
각자 생각하기는
너는 덜 먹고
나는 더 먹고가 아닌데
왠지 늙음이란
너는 덜 늙고
나는 더 늙는 것 같은 것이리라.

인생 행로

인생은 어떤 부모 밑에서 태어나
어떤 스승과 친구와 배우자를
만나느냐에 달려 있다
하지만 인생 행로를 좌우할
결정적인 요인은
자신과의 만남이오
자신과의 싸움이다.

혹 모르지

사람들이
절반은
고민하며 살고
절반은
되지도 않은 일에
낭비하며 살아간다
누구나
고민 없는
세상에 살고 싶다면
혹 모르지
탐욕을 버리고
사랑으로 충만히디면.

한恨

한은 독기이다
가난과
못 배운 것에
여자가
한恨을
품으면
오뉴월에도
서리가
내린다더라.

남과 여

남자(남편)는 하늘이오
여자(아내)는 땅이로다

하늘에서 눈이 오면
땅 위에 쌓이고

하늘에서 비가 오면
땅 위에 흐르나니

하늘이 맑고 곱게 개면
땅 위에선 경사가 나느니라.

그놈의 행복

사람들이
욕심껏 완전한 행복을
누리지도 못한 채
종말을 고할 수밖에
살아도 잘살아갈 수 없는
죽어서도 다 죽어지지 않는
온전히 끌어안을 수도
완전히 내려놓을 수도
근원적인 무력감 속에
패배만을 자인하는 꼴불견
삶도 죽음도 아닌 그런 것들
뭐 어찌하려는지 그놈의
행복은 어디에서 찾으려고.

정답 찾기

나는 이 땅에 와서
무엇을 하고 있는가
도대체 나는 이 땅에
왜 왔는가
돈 많이 벌려고 왔는가
권력을 잡으려 왔는가
부모 봉양하려 왔는가
자식 낳아 잘 키우려 왔는가
아마도 헌신 봉사하려
이 땅에 온 사람 몇이나 될까
어떻게 살아야
올바른 삶을 살았다고 하려나
죽는 날까지 생각하면
정답을 찾을 수 있으려나.

딱 한방

인생 역전 딱 한방 소리가
귀에 솔깃하여
뜬구름 타고 평생을
놀고 먹을 욕심에
복권을 사지만
그 복권 따라
인생도 한방에 확
간다는 사실을
알고나 있을까
오늘도 명당이라는
복권 판매소 앞에
딱 한방꾼들이
장사진을 이루는데.

상례 常禮

예전에는
어르신을 만나면
진지 드셨습니까
손아랫사람을 만나면
밥 먹었는가
이것이 상례常禮였는데
요사이는 옆에
누가 사는지
누가 굶어 죽었는지
누가 배터져 죽었는지
아무 관심 없는 세상 같은데
그래도
다행인 것은
나누려는 사람들이
꽤 많은 것 같긴 하더라.

장땡

일확천금 노리고
장땡 잡으려
투전판에 슬쩍
끼어들었다가
황 잡는 바람에
손 털고 쫓겨나
패가망신하더니
꾀죄죄하게 늙어 가며
두 주먹을 불끈 쥐며
이래 뵈도 내가
왕년엔 장땡
잡은 사람이라고
목에 힘을 주며
큰소리만 치더라.

살아보니 · 3

한평생을 살아보니
그래도 잘살았구나라고
생각이 드는 것은
출세하고 돈벼락 맞아
부자로 떵떵거리고
사는 인생보다는
세상살이
쓴맛 단맛 다 보았으며
남에게 손가락질 안 받고
즐겁게 사는
인생 같기는 한데.

살아보니 · 4

좀 늙었다고
세상이 날 버렸다 생각 마세
세월이 잠시 스쳐갔을 뿐
소유한 적 없다 하네 지난 일 생각 말고
후회 마세 이 나이에 겁나는 것
뭐 있겠나 더도 말고 덜도 말고
지금같이만 살아가세 살다 보니
오해도 하고 욕도 먹고 굶어도 보고
죄 안 짓고 도둑질만 안 해봤지
남자로 태어나 떳떳하게 살아왔으며
이 일 저 일 이 고생 저 고생
안 해본 일 없다네 허리가 휘도록
일해 보고 눈알이 빨개지도록
철야 작업도 많이 해 봤다네
이 세상 태어난 것 원망과 후회를 해봐도
내가 한 만큼 베푼 만큼 돌아오고
노력한 대가는 꼭 있다 하네.

아쉬웠던 봄은 지나가고

병신년의 봄은 유난히도 아쉬웠네
벚꽃이 한창일 땐 여름 장마 같은
장대비가 꽃을 마구 헤집어 놓더니
늦봄엔 오월답지 않게 불볕더위가
일찍 찾아와 장미꽃조차 정신 못 차리고
피고 지고 떨어지고 봄을 즐길 새도 없이
오월 땡볕이 호미질하는 이내 등을
땀방울로 흥건히 적시네
온 세상에 봄이 오면 봄꽃과 새싹이
기쁨과 희망과 용기를 주는 계절인데
나도 몰래 달아나니 왠지 억울한 것 같더라
이래저래 병신년의 봄은 달아나고
지긋지긋했던 여름 온 국민의 밤잠을
설치게 들볶았던 열대야 그래도 때가 되니
순식간에 시원한 가을이 쳐들어왔다네.

사기

사기와 마술은
속고 속이는 것은 같지만
사기는 믿고 속고
피눈물 나게 한다
마술은 믿고 속이고
박수 치면 되지만
사기는 설마하다
당하기 때문에
나도 몰래 후회하다
당하고 또
후회한다.

진실

누구나
진실하면 통하는 법
자만심을 갖고
설득하려 들면
설득하긴 어렵다

누구나
이해하고
받아들이는 언어는
오직
진실뿐이더라.

성숙

내가 작아 보이면
성장한 것이오
상대가 유치해 보이면
성숙한 것이오
자신을 한번 돌아보고
상대를 한번 살펴보면
성장한 것이리라.

신 인생사

치열한 경쟁 속의 현 사회에서
사람들의 삶의 목표는 성공이다
태어나 걸음마 배울 때부터 조기교육을 시작해
대학 졸업 때까지 어떻게 하면
남보다 앞설 수 있나를 고민한다
이는 성공한 삶을 위해서다 성공한다면
풍족한 재산에다 높은 사회적 지위를 의미한다
아마도 임종을 앞둔 환자들에게 살아오면서
가장 후회되는 일이 무어냐고 묻는다면
대다수는 너무 일만 하고 살았던 삶이라 할 것이다
자기가 즐기던 일도 못한 채
돈만을 벌기 위해 개미처럼 일만 힌 것을
후회한다는 말이다 성공이란 목표를 세워 놓고
앞만 보고 앞으로만 달려가는 개미 같은 인생이다
그것이 신 인생이 아닐까.

억울한 고등어

무식해서 그런가 미세먼지
단어는 올해 처음 듣는 소리 같은데
깜짝 놀라 방진마스크 쓰는 사람은
점점 많아지는데
그 미세먼지와 매연이
고등어 굽는 데서 많이 나온다고 하며
고등어 굽는 집 옆에는
미세먼지 농도가 짙다고 하니
고등어구이 집 파리 날리고
영세민과 뗄 수 없는 경유값 인상한다니
서울에 미세먼지와 매연이 없어지려나
언제부터 고등어가 경유 먹고 자라는지.

가족과 식구

가족과 식구는
잘 구별하지 않고 늘 쓰는 단어이다
가족은 혈연관계와 혼인관계로
이어진 사람들이라 할 수 있으며
예전엔 한집안에 모여 살고
한솥밥을 먹고 사는 사이였으며
가족은 부계적 인간관계와 질서
한 가솔을 구심점으로 먹여 살리는 식구로
모성애적인 따뜻한 마음을
상징하는 위계질서를 바로 하며
가족의 대소사를 늘 함께 하고
의무직으로 상부상조하는
한 그룹일 수도 있다.

돈

돈
돈이 많다고 언제나
좋은 일만 있는 것은 아니다
좋은 일보다
아주 나쁜 일이 더 많이
일어날 수 있다.

열냉 熱冷

열은 고온에서
이동하여 저온으로
저온에서
이동하여 고온으로
열 평형 상태를
유지하려 하는데
요새 젊은이들은
열정이 식으면
냉정이 아닌
의욕 상실 상태에 빠져
모든 것을 포기할까
겁이 나너라.

세상만사·2

이 세상에 태어나서
배울 만큼 배웠으며
할 만큼은 하여 봤고
모을 만큼 모았으며
뿌릴 만큼 뿌려 봤고
살 만큼 살았으며
먹을 만큼 먹어 봤고
알 만큼 알았으며
생고생도 하여 봤고
늘 최선을 다했으니
욕심일랑 이제 그만
갈 때 되면 군말없이
가야지만 되는 거라
변고 없이 늙어 가며
시 한 편을 남긴다면
세상만사 새옹지마.

땅은

땅은 정직하다
남을 속이거나
거짓말을 않는다

땅은
믿어 주길 바란다
자신이 품은 것을
호락호락 내주지도 않는다
많은 노력을 한 자에겐
꼭 결실로 보답한다.

부모와 자식

부모는 자식을
상전으로 생각하고
자식은 부모를 머슴으로
착각을 한다
입 안에 들어 있는 음식물도
부모는 자식 먹이려 들지만
자식은 빼앗아 먹으려 들고
비가 오면
부모는 자식 비 맞을세라
우산 들고 마중 나가지만
자식은 비가 오면 우산 속으로
뛰어들고 날이 들면 불편하다고
저 멀리 던져 버리더라.

회귀

죽음은 예고 없이 우리 곁 찾아들고
그것은 피할 수 없는
인간의 한계 상황이다
죽음은 인간 앞에 필요악
존엄함은 아버지보다
더함이 없고 의지함은
어머니보다 더함이 없도다
아버님 돌아가심은 두고 두고 외롭고
어머님 돌아가심은 살아생전 슬픈 것을
인간의 생로병사
막을 수 없는 우주의 원리
이 세상에 태어나
온갖 갈등과 희로애락
결국엔 자연으로 회귀하는 것.

필요악

언제나
일등만 좋아하시던
우리 부모님
이기면
기분 좋고 대우 좋고 잘 얻어먹고
이겨야 산다는 것
자연스레 내 몸에 배어들고
자연히
경쟁심을 키우니
이겨 보니 흡족한 심리
아마도 승리는
다음 세대 꼭 물려줄
필요악인가.

새옹지마

인생의 행·불행을
그 누가 가타부타하랴
젊어서의 불행은
노후 행복의 예고편이오
젊어서의 행복은
노후 불행의 예고편임을
어느 누가 알기나 할까
지금 당장 불행하다고
포기하진 말라
계속되는 도전정신이
미래 행복을 예고하는 것
모든 행·불행은 본인
마음먹기에 달린 것을
명심 또 명심하세나.

속아 살아온 세상

세상 모르던 철부지 땐
삼십은 되어야 세상 사는 것을
조금은 알 것 같았는데
어느덧 쉰을 넘기니
육십 되면
아주 재미있게 살 줄 알았는데
내 나이 팔십에도 돌모루에
잡초와 싸우러 다니는
내 품새는 어찌된 일인지
남들은 농사일이 힘들겠다고 하지만
가을철 풍성한 수확할 생각에
양팔에 힘이 불끈 솟는 것 같으니
아마도 그때그때 긍정적인 생각 때문일까
속아 살았기 때문일까
아직도 모르겠네.

산다는 것은

산다는 것은 힘들고 어려운 것
힘들고 어렵지 않은 세대가
어데 있을까 부모님 세대도
힘든 세상 지금도 힘들지만
앞으로는 더 힘들 것 같다
생각해 보면 어려운 시기에도
창조적 발상으로 생각하면
기회는 오는 것 내 앞길은 내가
헤쳐 나간다는 각오로 열심히 살면
안 되는 일은 없는 것
살아보니 죽을 만큼 힘든 일도 없고
하기 싫은 일도 해야 되는 것
그런 어려운 일도 지나고 보면
살아가는 인생사의 아주 작은 점일 뿐이더라.

삶이 버거울 땐

삶이 그대를 지치고 힘들게 할 때
삶이 생각처럼 만만치가 않을 때
계속되는 불경기에 서민 생활은
점점 핍박해지고 날씨마저 기승을 부려
서민들 민생고로 어렵다고 합니다
오늘따라 삶의 무게가
가냘픈 어깨를 짓누르고
삶이 무겁고 힘들게만 느껴질 때
잠시 자신에게 짬을 내주세요
심호흡 한번 하고 주변을 돌아보면
나보다 더 힘들어하는 이웃이
많다는 것을 알겠지요
그런 이웃을 보면 힘들다고는 못하지요
어려운 삶 참 용케도 잘 버텨 왔습니다
오늘도 활기차게 열심히 일하는
당신 모습 보기 좋고 아름답습니다.

사람의 상생

사람은 사유하기에 발전해 왔으며
사람의 가장 큰 적은 바로 자신이다
정치 경제 사회 예술 등
모든 분야에서 서로간에
경쟁하며 발전해 왔다
사람은 지능이 있기에
도저히 넘을 수 없는
한계를 극복해 왔으며
그 자신과의 싸움에서
이긴 사람이 늘 성공해 왔다
우주보다 드넓은 남자의 마음
비단결보다 더 고운
여자의 마음이 합쳐
상생 발전해 가는 것이다.

유감의 6·25

사람과 사람 사이 국가와 국가 사이에
벌어지는 전쟁의 참혹성은 상상을
초월하며 인간의 상상력의 한계를
넘어서는 기이한 풍경이기도 하다
동족상잔의 6·25 남침으로 수백만 명 몸서리쳐지는
살육현장을 우리 국민은 훤히 알고 있다
인간의 발전도 멸망도 모두가 인간이
저지른 오판의 결과인 것이다
지금도 지구촌 곳곳에선 땅따먹기 전쟁놀음이
여러 곳에서 이뤄지고 있으며 특히
예측 불확실성 집단인 북한 김정은 도당들의
핵실험과 광분의 전쟁놀음 와중에도
불모의 대지 위에 전쟁의 때를 벗고
비무장지대의 넘쳐나는 생명력과 복원력
아름다운 자연으로의 회귀성 그것은
인간에게 주어진 자연의 성찬인 셈이다.

설마

사람은 나이 들어 늙어지면 지혜로워질까
탐욕스런 인간은 나이 들면 더욱 노련해지고
오만한 사람은 나이 드니 더욱 철면피가 되고
젊은 날의 치부는 겹겹의 울타리로 덮어 버린 채
색칠되고 포장된다 연륜을 무기 삼아 목청을 높이고
권위를 앞세워 옹졸해지고 편협해진다
마음을 비우고 성찰하지 못하는 노년은
갈수록 추하며 고독해진다 도둑처럼 슬그머니
찾아든 자신의 노년을 장막으로 덮으나 갈수록
목구멍으로 넘기는 알약 수는 늘어나고 이빨은
흔들리더니 빠져 버리고 눈꺼풀은 점점 무거워지고
얼굴마지 검버섯 윙주름에 무기력해 보이고
죽음에 한 발짝씩 다가서는 인생 끝자락의 두려움
나 어릴 적엔 이다음에 커선 훌륭한
어른이 되기를 꿈꿔 왔고 중년 때도 이다음엔
곱게 늙어 행복한 노후가 되기를 꿈꿔 왔는데
활활 타오르는 장작불만 생각하지 그 장작불이
사그라들어 한 줌의 재가 될 줄 생각은 못했다네.

세상일

날마다 경악할
사건의 연속이오
경악을 담당하는
안간힘의 세상은
그렇게 또
하루해가 넘어간다
사회란 어쩌면
악당들이 승승장구하고
선한 이들이 오히려
고통받는 야릇한 세상
무능하고 부패한 이들이
오직 돈벼락 맞아 갑甲이 되어
권력과 세력을 한손에 잡아
승승장구할 때
을乙들의 입에선 또 어떤
불만과 탄식을 토해낼까.

우정

우정은
한두 번의
약속으로
이루어지진 않는다
몇 번의
고통과
몇 번의
시행착오 끝에야
진정한 우정의
싹이 트는 것이다.

살기 좋은 곳

당나귀에
페인트칠한다고
얼룩말이 될 수 없듯이
골목에
덧칠한다고
신도시가 되는 것 아니듯
살 만한 도시는 어떤 모습일까
오순도순
여러 사람 모여 사는 곳이
정감 있는 도시가 아닐까
청계천을 거닐다 보면
심지도 가꾸지도 않은
개망초가
어느 틈에 비집고 들어와
볼품없고 향기 없는
하얀 꽃을 자랑스레 피우듯이
그렇게
정감 있게 모여 사는 곳이라.

주먹질

우째 날씨마저 장마철인데 비는 안 오고
짜증날 정도로 무더위와 미세먼지 탓인지
희뿌연 하늘은 연일 30도를 웃돌며
불경기에 떠밀린 서민들 짜증스럽게 하네
교외로 나간다고 딱히 맑은 공기 마시기도 어렵고
도시나 농촌이나 공기질 나쁜 것은
별 차이가 없다네 그래도 시원한 바람이라도
쏘이려 맑은 공기 찾아 교외로 나가지만
목이 쾨쾨하기는 도시와 별 차이 없고
젊은이 직장 구하기는 어렵고 치솟는 물가에
전·월세는 폭등하기 때문에 이래저래
민생고 해결 기미는 안 보이고 침으로
여름나기가 짜증스럽다네 그래도 정부에선
경제 살리겠다고 있는 돈 없는 돈 박박 긁어
소비 장려하며 일자리를 늘리겠다고는 하지만
주머니마저 텅텅 비니 쓸 돈은 없고 이래저래
울화통 터지는 여름이네 하소연할 곳은 없고
홧김에 뒤돌아서 침 뱉고 잘 처먹고 잘살아라 하며
주먹질이나 하고 있네.

서글픈 일

우리 인간은 언젠가는
이 세상을 떠나가는 것이 분명하다
그러나 어디로
어느 쪽으로 가는지는
아무도 모른다
천당 지옥이란 말도
수없이 들었으나 크게
개의치 않은 채 무관심 속에
힘겨운 삶을 살아왔다
참으로 서글픈 일이 아닐 수 없다
죽음은 모든 것을 버리게 만든다
아무것도 못 가져가게 만든다
죽은 뒤엔 그 모든 것이
아무 쓸모가 없기 때문이리라.

사람들은

못해서
안 하는 것이 아니라
안 하기 때문에
못하는 것이다.

한 움큼

북망산천 가는 길에 벽제골 화장터에
리무진 버스 타고 들어오니
지인들 우루루 몰려나와 눈물바다 이루네
누가 와서 통곡한들 아나
누가 와서 웃은들 아나
산 사람에 이끌리어 20번 화구에 들어가니
철커덕 철문 잠기고
붉은 화염 연기 되어 굴뚝으로 올라와
사방으로 흩어지네 언젠가
나 가고 나면 무엇이 남을 건가
곰곰이 생각하며 뒤돌아보니
육신은 남아줄 리 없고 아끼던
재물과 명예도 내 것이 아니오
아마도 남는 것은 한 움큼 재뿐이라.

강심장

사람이 아무리 강심장이라 해도
솔직히 죽음에 대한 공포가 없는
사람은 없을 것이다 언젠가는 나와 내 가족
아주 가까운 친지들 이들이 나 없이도
험한 세상을 잘 헤쳐 나가야 할 때가
반드시 올 것인데 견딜 수 없을 만큼 위기의 노파심
근심과 고통에 시달릴 때 나는 모든 것을
잊고 편안한 자세로 누워 내 마음속의
헛된 욕망과 갈등이 소멸되도록
가만히 생각해 본다 실천 불가능한 미래 계획
이루지 못한 과거의 회한
비현실적인 기대들 말 그대로 모든 것을
모조리 놓아 버리는 것 아득히 먼 하늘길
그보다 더 멀고 먼 길 갈 땐 이 세상이
나 없이도 잘 굴러감을 깨닫는 것 자체가
아주 큰 소통이오
아주 큰 해탈이 아닐까.

독불장군

인생을 살다보면
스스로 살아가는 방법과
더불어 살아가는 방법이 있으며
스스로 깨닫는 사람과
더불어 깨닫는 사람이 있다
더불어 살아가는 기회를
놓치기도 하여 자칫 이기적인 선택
이기적인 사람이 될 수도 있다
스스로와 더불어는 항상
절묘하게 동행하기도 하며
있는 자와 없는 자
젊은층과 장년층이
서로 화합하기 위해서는
더불어 살아가는
묘수를 생각해야 한다
언제나 독불장군은 없는 것.

호박

호박은
늙을수록 맛이 들고
사람은
늙을수록 추하고
호박의 맛은
시간이 만들고
사람의 멋은
자신이 만들고
늙은 호박은
죽이라도 쒀 먹지만
늙은 사람은
아무짝에 쓸모가 없다네.

질투

질투를 하면
자신이
피해를 입고
마음이
황폐해지며
명예에
먹칠을 하고
부러움의 대상을
자신과 비교할 때
발생하는 것이며
모든 인간관계에서
일어나는 감정이다.

살면서

인간이
가장 기쁘고 행복할 땐
사람 대접해 줄 때이며
가장 비참할 땐
개 돼지
취급받을 때다.

내가 행복할 때

땀 흘려
일하지 않고서야
어찌
사람의 도리를
다했다 하리
만인을 위하여
땀 흘려 일할 때
나는
행복을
느낄 수 있더라.

평범한 세상

현 사회의 정의는 내가 정한다
가진 자들의 억지 틀에 맞춰
을로 살아갈 수밖에 없는 때론
억울한 사람들의 지옥 강산 속
무력감의 극치 속수무책은
힘없는 자들의 설움이 아닐까
벌레만도 못한 존재감 모멸감에
휩싸여 살아갈 희망도 가치도 없는
나라인가 민형사상 법의 잣대에도
크든 작든 당사자들의 억울함과
분노가 서려 있는 것
사람 위에 사람 없고
사람 밑에 사람 없는
아주 평범한 세상인데
정의는 어느 곳에 살아 있는가.

춘春, 하夏, 추秋, 동冬

때는
시원스레
잘도 굴러가는데
팍팍한
서민들 삶은
아무리
발버둥 쳐본들
만날
제자리걸음인데
어째
남 탓만 하는지.

쓰임새[用處]

젊으나 늙으나
언제 어느 곳이건 쓰임새 있는
존재가 되어야 한다
젊어서 갈고 닦음은 추후
쓰임새 있게 이용하기 위함이며
살다보면
잃을 수도 얻을 수도 있다
잃는다고
망하는 것이 아니며
얻는다고
부자 되는 것도 아니더라
노후라도 쓰임새가 있고
쓰일 곳이 있다면
한세상 잘살아 온 보람이 아닐까.

유월의 유감

이리 밟히고 저리 밟히고
굴곡진 역사를 거슬러 온
백의민족의 덧쌓인 계곡
휴전선 밤 풀벌레들은 유월의 그때를
생생하게 기억하며 잊지 못해
밤이면 구슬프게 울고 있는가
무심코 넘길 수 없는 동족상잔의 비극
시커먼 먹구름 속 장대비 내리는 밤하늘
녹슬고 무디어진 총칼에 힘 한번 못 쓰고
쭈르륵 밀려 낙동강을 젊은이들 피로
물들이고 유엔 깃발 아래
반격하여 통일을 목전에 두고
중공군 개입으로 다시 무너져 버린
그날 휴전선은 그어지고 지금도
저 멀리 북쪽에선 전쟁놀이에 쿵쿵
포탄 소리 아직도 상처는 그대로인데.

국가란

대한민국은 자자손손 천만대를 살아갈
우리 민족의 삶의 터전이다
국가란 무엇인가
위정자들이 만든 법대로 이 나라에
태어난 죄로 세금도 또박또박 내고
국민의 의무도 빠짐없이 다하고
국민 혈세는 적재적소에 잘 쓰고 있는지
의심해 본 적도 없지만
이제 나이 들어 한 가정을 꾸미고
후세를 키우는 마당에
어찌하다 아이 하나 키우기가
쉽시 않은 세상이 되었는지
만만치 않은 사교육비에 어쩌다가
아이 낳기 싫은 나라가 되었는가
사드 때문에 국무총리가 백성에게
계란 세례 받는 나라가 되다니
노란 성주 참외가 창피해
빨간 성주 참외가 되지 않을까.

인간과 짐승

인간은 짐승과 달리 두 발로 걷고
양손으로 무엇인가 창출하며
인간답게 살아가는 데 의미가 있다
인간이 짐승과 다른 것은 서로 배려하고
상부상조할 줄 아는 마음가짐일 것이며
꼭 지켜야 할 도리가 있다 적어도 사람 대접
받기 위해서는 마음속 깊은 곳에서
뿜어 나오는 욕망을 제어할 줄 알아야 하고
지금 우리는 나만 잘살기 위하여
얼마나 더 많은 욕망을 충족시키고
남보다 더 편하고 우아하게
생활하는데 필요한 재물을 확보하는가에
지상 최대의 목표가 있는 것 같다
단 한 번만이라도 인간답게 살아가고자 하는
생각은 못하고 있는 것 같다
무한한 우주의 시간 속에 우리 존재의
잔여 기간이 얼마나 남아 있는지
아무도 모르면서.

비정규직의 설움

낮 시간에 열심히 일하고
밤이면 푹 쉬는 하늘 같은 정규직
어떤 부모 밑에서 태어나느냐는
누구의 간섭 없이 운에 맡겨지는 것
비정규직이란 계급 달고 차별 받고
태어난 것은 아닌데
정규직은 편하게 살고
비정규직은 개똥이나 치우고
내가 욕심 부리니 결국엔
다른 사람이 피해를 보고
남의 불행이 나의 행복이라
이는 자본주의 사회 단면 같더라
아무리 발버둥을 쳐도 인생 역전의
기회는 그리 쉽게 오긴 어렵고
비정규직 탈피는 더더욱
어려운 것 같네.

신은 어디에

신神은 어디에
신의 존재를 안다면
굳이
고생하지 않았을 것을
실체도 형체도 없는 신神
머문 곳이 다르면
보는 곳도 다른 법
신神은
어디에 있는가
신神은
가장 가깝고 가까운
바로
내 마음속에 있지 않을까.

불나비

권력과 돈이라면
앞뒤 안 가리고 달려드는
불나비처럼 미쳐 날뛰는 세상
나마저 미친 척하며
살아가야 하나
눈 벌겋게 뜨고 지켜도
당하는 세상인데
최후의 보루 법관마저
법을 무시하는 세상
내 땅 한뼘 없어도 공기는
마음껏 마실 수 있는 세상인데
이디 간들 두 끼야
어려울라나 그냥
미꾸라지나 잡으러 가볼까.

갑甲과 을乙 · 2

갑甲은 높을수록
기억력이 감퇴되는지
유사시
모르쇠로 일관하며
빙그레 웃고

을乙은 늙을수록
기억력은 점점 또렷해지나
유사시
믿어 주지를 않으니
뼛속까지 오기가 생겨
눈물 흘리고.

어찌할까 · 2

청춘은
희망이 있기에
살맛 나고
노년층은
그리웠던
진한 향수 속에
살아가는데
나라님
헛바닥 놀림
가늠키 어렵고
선량들 헛발질에
일할 맛
쑥 들어가니
이 일을 어찌하나.

징그러운 여름

그래도 어쩌겠나
무더운 여름철에
비 한 방울 안 내리고
여름값 하느라 더운 것을
덥다고 찌증 내 봐야
빨리 지나갈 여름이면
실컷 짜증도 내 보겠지만
그럴 마음이 통 없나 본데
그까짓 것 때가 되면
물러갈 여름이니
조금만 더 참아 봅시다
하다 하다 저도 때가 되면
줄행랑칠 여름이니.

언젠가는

살구꽃이 떨어지면
달콤한 살구가 열리고
매실꽃이 떨어지니 새콤달콤
알알이 매실이 열리는 것
늙어서 행복하게
살 권리는 있지만
후배나 후손들에게 존경받을
권리와 의무는
어디에도 없는 것
모였다가 흩어지지 않는 것
이 세상 어디에도 없는 것을
언젠가는
이 늙은 몸뚱이와도
영원히
이별해야 되는 것을.

세상에

언제나
좋은 일만 있고
나쁜 일이 없다면
누구나
배부름만 있고
배고픔이 없다면
모두가
고학력자요
저학력자가 없다면
그 옛날
양반만 있고
쌍놈이 없었다면
전 국민이
사장이요 회장이고
노동자가 없다면
살맛 나는 세상일까
그래도 살아 있기에
눈부시게 살아가야 하는데.

현실

죽어야만
들어갈 수 있는 화장로
사랑하는 식솔들의
곡소리 들으며
이승에서의 모든 인연
여기가 끝이네
아등바등 살아온
초라한 이내 모습
독방으로 밀려 들어가는
서글픈 신세
1시간 30분이면
한 줌의 재로
독방의 문턱을 넘어온다네
눈물로 맞이하는
냉혹한 현실
날씨마저 더운데
마음은 서글퍼라.

신의 몫

신의 몫인 인간의 운명
변경할 순 있으나
거부할 수 없는 운명
보이지 않는 곳에서
보이지 않는 손에 의해
계획되고 설계되어
자신에 의해 시행되고
시공되어 완성하는 것
그것이 운명이다.

모기

태양은 동쪽에서 떠올라
하늘 한복판에 도달하면
서서히 서쪽으로 기울어지고
달도 차면 서쪽으로 기우나니
물은 불을 이기지만
흙은 물을 이기는 변함없는 이치
만물의 영장인 사람도
하찮은 모기에 잘못 물리면
죽을 수도 있더라.

사람과 마음

먹구름 속에서
비는 내리는데
그 비는
구름이 아니고 물이더라
사람의 마음속에
사랑의 싹이 트지만
그 사랑은
마음이 아니라네
사랑은 사랑이오
마음은 마음이라네.

휴가

올해도 어김없이
때가 되니
공항과 피서지는
북새통 난장판을 이루었네
잘 놀고 잘 먹고 잘 쉬고
고생 많이 하고
휴가를 마치고
집으로 돌아가며
내년을 약속하고
일상으로 돌아와
또 열심히 일하고.

삶의 무게

이 세상에 태어나
어떤 삶을 살지라도
모든 것은 내 안에 있으니
믿음으로 선택한 나
전후좌우 모든 지인들이
한마음 한뜻으로
믿고 의지하고
생활해야 하지만
그래도 위험을
감수해야 할 순간도 있으며
인간은 순응에 앞서
거역하는 법 또한
가르치고 배워 왔으니
어찌 삶의 무게를
가볍다 하리.

잡념

기다리는 비는 아니 오고
날씨마저 무덥고
짜증스러운데 손놓고
가만히 앉아 놀 수도 없고
생각이 많으니 고민과 걱정거리 늘어나고
부지런히 몸이라도 움직여야
여러 생각 줄어드는데
아무 생각도 없이 하루하루
허송세월 보내던 시절
때론 그때 그 시절이 그립기도 하더라
이럴 땐 날씨라도 보태 주면 좋으련만
이럴수록 손발이라도 움직이고
머리라도 써봐야
여러 잡념이라도 줄어들 것 같은데.

초심

사람들은 늘
초심을 잃지 말자고
말들을 하지만 이를 실천하기란
그리 쉽지만은 않은 것 같다
몇십 년 지기보단 지금 알게 된
사람이 오랫동안 사귄 사람보다
더 잘할 수가 있더라
나를 잘 안다고 하는 이들이 내겐
큰 걸림돌일 수가 있으며 얼마나
오랜 인연인가보다는 지금까지
오랜 인연을 어떻게 맺고 있느냐가 중요하다
아무리 어려워도 가야 할 자리가 있고
가지 말아야 할 자리가 있으며
더 큰 잘못은
내가 지금 뭘 잘못하고 있는지 모르는 일이다
언제나 초심으로 돌아가 지난 시간을
되돌아봄이 필요한 것 같다.

행하기 쉽지 않은 것

별것 아닌 것 같은
일상에서의 작은 충돌은
인간관계에
큰 버거움으로 남을 수가 있다
사사건건 일어나는
별것 아닌 것 같은
작은 충돌은 불쾌한 감정을 낳을 것이오
그런 작은 감정이 쌓이고 쌓이면
서로 미워하게 되고
불신과 편견으로
침소봉대되는 것
그깃은
삼척동자도 알 일이지만
팔십 노인도
행하기는 쉽지는 않더라.

만병통치약 · 2

온 국민이
선망하고 존경하며
명예를 손에 쥐고
상상 이상의 많은
재물을 보유하였으나
이에 만족할 줄 모르고
과욕과 탐욕이 부른
참화를 당해 봐야만 아는가
돈 돈 돈 하면 돈의
노예가 되어 돌아 버리고
하 하 하 하면
웃을 일만 생기고
호 호 호 하면
좋은 일만 생기고
히 히 히 하면
기쁜 일만 생길 것이고
깔깔대고 맘껏 웃으면
만병통치약이 되더라.

인맥 관리

복잡한 현 사회를 살다보면 인맥이 중요하더라
인맥 관리는 피곤하고 어렵지만
현 사회구조상 인맥은 필요악이다
지극정성으로 인맥 관리를 하지만 대부분
마음 터놓고 소주 한잔 기울이기 힘들며
원점으로 회귀하더라 이는 고층 아파트와
더불어 이웃간 정을 찾기 힘든 분절 사회로 바뀌고
그 자리를 학연 혈연 업연으로
대체되기 때문이 아닐까 그러다 보니
아는 사람은 많아도 진짜 친구는 몇이 안 되는
불균형이 되며 열심히 술 마시고 인맥 관리를 하지만
남는 것은 상한 몸뿐이오
인맥을 잘 관리하는 것 자체가
능력으로 간주되기도 했으나
목적을 중심으로 형성된 관계는 유통기한이
정해져 있기 마련이다 치열하게 인맥을 관리해 왔지만
정작 은퇴 후에는 마음 둘 곳 없어
외롭고 허전함뿐이더라.

내 인생의 3분의 2

옛날옛날 한옛날에 젊은 부부 살았다네
서방님의 씨를 받아 10개월을 몸에 품다
옥동자를 낳았다네 두 부부는 만지면은
터질세라 바람 불면 날아갈까 애지중지
먹이고 가르치고 삼십여 년 잘 키워서
대장부로 만들었네 또한 집안 규수댁은
서방님이 씨를 심어 마나님의 배 속에서
10개월을 고이 길러 고명딸을 출산했네
부부 역시 만지면은 터질세라 바람 불면
날아갈까 삽십여 년을 곱게 길러 두 집안은
청실홍실 연을 맺어 사돈을 맺었다네
금슬 좋은 신랑신부 시어른을 모시고서
깨가 쏟아지도록 알콩달콩 살았는데
서방님의 바람기로 그 가정이 풍비박산
되었다네 어느 날부터인가 파경 맞은
새색시가 남의 남자 각시 되고 장인장모
어르신도 다른 남자 장인장모 되고 난 후
그제서야 그 서방님 땅을 치며 후회하네
부모님은 기껏 인생의 3분의 1을 돌봤는데

본인의 3분의 2를 배우자가 돌본다는
사실을 너무 늦게 깨달았네.

윗물이 맑아야

곡식은
익을수록 고개를 숙이는데
사람은 높은 자리에 올라
권력까지 잡는다면 국민을 위하여
올바른 정치를 해야 하는데 권력만
남용한다면 어떤 백성이 순응할까
여기에다 높은 연봉까지 챙기면서
사치스럽고 방탕한 생활을 일삼으며
온갖 비리와 부정을 저지른다면
백성들의 원망이 하늘을 찌를 것인데
거기에 돈이 된다면 부동산 투기도
서슴지 않는 일부 사회지도층이
파렴치한 고위공직자의 대명사라면
아마도 그들은 국민 무서운 줄 모르는
하등 동물과 무엇이 다를까
윗물이 맑아야 아랫물도 맑은 법
조금만이라도 서민 생각을 해봤으면.

굼벵이

없이 산다고
자존심마저
없는 것은 아니더라
서민들의 장바구니 물건값을 깎고
후려치고 에누리하면
못 이기는 척 물러설 줄도 알지만
서민들의 자존심마저
건드린다면 용서할 수 없다
자존심은 흥정의 대상일 수 없으며
마지막까지 그 값을
지켜내야 하는 것으로 오직
서민들의 자존심이요 몫이나
마지막 보루이기 때문이다
굼벵이도 밟으면
꿈틀대는 법이니깐.

사후 세계

이승을 등진다면
저승으로 갈 것이오
살아생전 잘잘못에 따라
천국이나 또는 지옥으로
나뉠 것 같은데
죽어 본 적이 없기에
알 수는 없지만
사람이 죽으면
땅속으로 혹은 불속으로
들어가 한 줌의 흙이나
한 줌의 재로 남을 것이오
살아생전 남에게 해코지 안 하고
올바르게 살아왔다면
사후 심판이 있은들
사후 세계가 있은들
지옥이 있은들
겁낼 것이 없으리라.

거짓말

살다가
거짓말 한두 번
안 한 사람 어데 있을까만
거짓말을
한 번 하면
죽일 놈 소리 듣지만
열 번 하면
거짓말쟁이 소리 듣고
백 번 하면
미친놈 소리 듣고
매번 하면
나리가 된다더라.

황혼의 결실 · 1

사람들이
이 땅에 온 이유와 목적을
알고나 있는가
물거품 같은 인생
물거품 같은 육신
인생은 물거품이요 허상이다
누가 죽기 위해
이 세상에 태어난 이 그 누구인가
잘 먹고 잘살기 위하여
이 땅에 온 것이 아니겠는가
열심히 살아온 인생의 결실이
황혼이려니 부디
좋은 결실 맺기를.

황혼의 결실·2

화려한 인생에서
내리막길 인생이오
끝막음 인생이오
유종의 미 인생인데
그동안
열심히 살아온
인생의
결실이 아닐는지.

오늘

오늘이
아무리 좋다 한들
내일이면 과거로다
꽃이 지면 다시 피듯
열대야를 물리치고
달려오는 가을날
어찌 이리 반가울까
아침부터 추적추적
가을비는 내리지만
그래도 시원하니
살맛 나고 오늘도
내 인생에
가장 아름다운
한 페이지가 아닐는지.

일등

어린아이부터
호호백발
어르신들까지
누구나 일등은
참 좋은 것이로다

누구나 열심히
하기 나름이지만
일등 밑에 이등 있고
일등 뒤에 코치 있는데
진정한 일등 앞엔
스승님이 있있다네.

악마의 화신

때에 따라 행복했던
지난 세월 인간사
회로애락이 왜 없을까만
한세상을 살아가기
그리 만만할까 사랑받아 본
사람이 사랑할 줄 알고
고통받아 본 사람이
용서할 줄 알듯이
삶에 대한 성찰과
당당함으로 삭막한
마음에 촉촉한 단비가
내리듯 아무리
극악무도한 인간이라 해도
악마의 화신이라 해도
남을 해코지하거나
생을 포기할 권리는
그 누구에게도 없다 할 것이다.

살며 생각하며

우리네 인간사 뒤돌아보면
늘 깨끗하고 밝고 맑음만
있는 것은 아니더라
어두운 부분도 있지만 그 역시
엄연한 존재의 문화다
인간은 완벽하지 않기에
삶이 더욱 흥미진진하고
짜릿하고 인생 2막의 삶의
묘미가 있는 것이 아닐까
사노라면 누구나 실수를 한다
삶이 너무 완벽하다면
무슨 재미로 살까
살면서 저지르는 실수야
삶의 양념 같기도 하리라
누구나 실수가 있기에 내일의
보다 나은 삶을 살아가고자
노력하는 것이 아닐는지.

어떤 부모

부모는 잘난 자식보다
말 잘 듣고 노력하는
자식을 더 좋아할 것 같고
자식은 간섭하는 부모보다
돈 없는 부모를
더 싫어할 거 같더라.

서민과 부자

서민은 배만 부르면 되고
부자는 맛만 좋으면 되고

서민은 한 푼 때문에 십 리를 걷고
부자는 내 한몸 편하려 기를 쓰고

서민은 한 푼 때문에 피눈물 흘리고
부자는 한 푼 때문에 너털웃음 웃고.

고추 따기

봄장마도 이겨내고
극심한 여름 가뭄
견뎌내고 돌모루에
금년 농사 망쳤다고
아낙들의 아우성 속
촌로들의 땀방울에
보답하듯 푸른 고추
삼복더위 고맙다고
새빨갛게 익어 가니
철 지나면 버린다며
비지땀과 싸우면서
고추 따기 한창이라
밤만 되면 여기저기
결린다며 잠 설치고
아침 되니 고추밭에
달려나가 고추 따는
할망구들 먹을 만큼
따면 될 걸 무슨 욕심
그다지도 대단한지.

불쾌지수

불쾌지수는 열대야뿐이더냐
누런 땀방울로 등줄기를 적시며
곡식 한 톨이라도 더 건져 보려고 발 동동 구르며
여름 가뭄에 물 퍼올리느라 검게 그을은
늙은 농부들 전기료 폭탄에 낡은 부채로
긴긴 무더운 여름밤과 사투를 벌이는 이 와중에
온 백성 열불나게 만들어 버린 국민의 공복들은
뒷구멍으로 자기 배만 불리는 한심한 나리들
권력이 크면 큰 대로 더 알차고 당차게
제 잇속 채우는데 혈안이 되고 있으나 마나 한
눈먼 감사원은 알아차리는지 눈감아 주는 건지
악덕 기업은 나름내로 듬만 나면 수조 원씩
떼어먹고 파산 신청해도 되는 나라
마지막 보루 대한민국 검찰 칼날은 어디로 향할지
두고 볼 일이지만 인생사 돌고 돌아
자기 죗값은 자기 앞으로 꼭 되돌아온다는
사실을 아는지 모르는지.

인생 · 2

인생은 세월 따라 변하는 것
되돌릴 수 없는 인생
지난 세월 후회한들 무엇하랴
거센 눈보라 비바람에도
억세고 줄기차게 살아왔는데
무정한 세월이
나를 꾀고 달아나네
앞으로는 거지 근성 버리고
누구도 믿지 말며 남은 인생
후회 없이 보내리라
지금부터라도 늦지 않았으니
나를 위해 투자하고
즐겁고 성실하게 남은 여생을
행복하게 보내보세.

안 되는 일

을미년 대풍이라 정부는
잉여 농작물 처치 곤란하고
농민은
쌀값 하락으로 아우성이오
돈 없고
힘없어 배곯는 영세민들이
어쩔 수 없이 겪어야 할 고통인가
쌀은 남아도는데
먹을 것이 없어 배곯는
백성들이 부지기수라
이래도 되는 걸까
인간은 배불리 먹고 자유롭게
살아갈 권리가 있는 것이 아닐까.

인간사 새옹지마

좋은 일은 오래 간직하고
나쁜 일은 빨리 털어 버리고

밉다고 멀리하고
싫다고 피하기보다는
직접 부닥쳐 보면 해결책이 보이더라

사랑은 인간의 본능인지라
억압하면 탈이 나는 법이더라

인간사 가장 안 좋은 것은
초년 성공 중간 상처 말년 빈곤이더라

아무리 부귀영화를 누려도
남는 것은 자식과 사진뿐이오

잘사는 사람은 놀러 갈 궁리하고
못 사는 사람은 세끼 걱정한다네.

이별 · 2

사람을 잃는 것은
가슴 아픈 일이지만
잠시 잠깐 헤어짐은
다시 만날 수가 있으나
세상을 떠난 사람은
한 세대를 열심히 살아온
사실을 잠시 기억할 뿐
다시 만날 수는 없다네.

달력

달력을
한 장 한 장 떼다 보니
어느새
달랑 한 장만 남았구나
어느 누가
세월은 참 빠르다고 했는지
세월이
좀 빠른들 별것은 아닌데
세월에
풍상이야 누가 뭐라든지
이 한 목숨
모질어 질기게도 살아왔는데
그놈의 세월이
억지로 날 잡아끌고 가니
그것이 괘씸하다네.

뜨거운 커피 한잔

살다보니 차가운 겨울날에
눈은 오지 않고 추적추적
겨울비가 내리는 날
따뜻한 커피 한잔이 그립구나

해는 서산으로 기우는데
어디서 날아온 가랑잎 하나
바람에 나뒹굴고 누군가 찾아와서
뜨거운 커피 한잔 나누고 싶구나

혼자이고 싶은 이 밤에
조용히 가슴 열고
정담 나눌 그런 사람들과
뜨거운 커피 한잔 마시고 싶은데

문을 여니 을씨년스런 찬바람이
이내 얼굴 할퀴고 달아나고
저 멀리 뾰족등 불빛만 반짝이는데
뜨거운 커피 한잔 나눌 사람이 그립구나.

은행잎

수십 번의 가을은 지나가고
가로수 단풍잎은 노랗게 물이 들고
여태껏 사는 것이 버거워서일까
오색 단풍잎 고운 것도 모르면서
세월 따라 나 여기까지 와 있네

거센 비바람 태풍에도 끄덕없이
버텨 오던 은행잎이 찬서리 한번에
우수수 떨어지네 노랑 물감 뒤집어쓴
은행잎 알맹이는 매달아 놓고
바람에 나뒹구네.

아주 귀중한 재산

대학 나와 군대 갔다 오면
앞길이 확 열릴 줄 알았는데 날마다
생존경쟁의 전쟁터요 세상살이가
정글보다 더 무서운 곳이더라
제비 새끼 먹이 받아먹듯 너무 쉽게
살아왔는데 너무 과보호 속에
살아온 것 같네 현 사회는 아주 냉정하고
적자생존에 살아남지 않으면 도태될 뿐이오
월 백만 원 벌기도 힘이 든 세상
그렇다고 딴짓 딴생각하지 말고
사람이 해서 안 되는 일 없다 하니
포기하지 말며 팔을 걷어붙여라
때로는 실패를 인정하고
반성의 빛이 보인다면 그것도
아주 귀중한 재산이 될 수 있느니라
만약 과욕이나 탐욕을 부리게 되면
죄를 짓게 되고 죄는 점점 자라서
본인 목을 조르는 수가 있을 것이다.

흥미진진한 세상

세상살이가
너무 쉬워서인지
인간 수명은 점점 늘어나고
세상사 하루하루 해는
점점 지루해지고
세상은 무한한 기회의 땅인데
뭘 잘해야 가슴이
뛸지조차 모르니
놀고 해외여행 가는 데는
지상낙원이요 매혹적이고
흥미진진한 세상인데
그저 하루 종일
TV 앞만 지키고 있으니.

누구 탓

가난은 게으르고 노력하지 않은 탓일까
도덕적 해이와 나쁜 습관 무능력 탓일까
한번 실패하면 빈곤해지며
다시 회복하긴 매우 어렵고
신용도 추락으로 재기하기 힘들고
빈곤은 사회계층의 따돌림도 심하고
빈곤을 벗어날 수 있는 제도적 장치가 없으며
단 한 번의 실수로 사회적 냉대를 받는다
빈곤의 나락으로 한번 떨어지게 되면
회생은 거의 불가능하기 때문에
가난이 대물림되는 것이 아닐까
옛날에도 가난은 나라님도 구제를
못한다고 하였다는데.

복 받을 텐데 · 1

손 많이 가고 돈 많이 들고
신경 많이 쓰이는 것은
부모나 갓난 제 새끼나
똑같은 것 같은데
제 새끼 똥을 싸도 귀엽고 예쁘고
부모가 똥을 싸면 더럽고 냄새 나고
귀찮기만 한 것이 인지상정일까
젊은 것들은 노부모 떠받들기 싫다고
고개를 절레절레 흔들며
노인충老人蟲이란 말이
유행하고 있다니 기가 막히네
키워 주고 가르쳐 준 보람 없이
보태 주는 것 없으면서
대접받으려 하고 있다고
공경은커녕 밥값도 못하는
밥벌레 취급한다네
노인의 경험과 지혜는 용도 폐기해 버리면서
남은 시간 그리 많지 않은 것을
잘 알 텐데 세상 좋은 것만

누리기에도 아쉬운 세대인데
나이 많은 것이 무슨 큰 죄라고
어쩌다가 애완견보다 못한 취급을 받는
신세가 되었나 보네 우리 늙은이도
처음부터 노인은 아니었는데
조금만 배려해 주면 안 될까
복福 받을 텐데.

복 받을 텐데 · 2

남녀노소 모두가 차별 없는 세상에 사는데
유독 노인들의 차별만은 점점 심해지는 것 같다
왕주름 저승꽃 늙은 얼굴은
늙은이 모두가 감추고픈 얼굴이다
젊음이 노력으로 얻은 보상이 아니듯
늙음도 세월 탓이지 형벌은 아니더라
죽는 것보다 늙는 것이 더 무섭다는 노인들
젊어 보이고 동안이란 말이 듣기는 좋더라
젊음이 좋고 늙음이 나쁘다는 생각
자연스런 세월의 변화를 왜
부끄럽고 두려운 전염병 환자 취급하는가
늙음도 서러운데 중환자 취급하면
마음 붙일 데가 없더라 생로병사生老病死
외면할 수도 외면한다고 될 일도 아닌데
인생은 잘난 체해 봐야 시나브로
늙어 도태되는 것이 자연의 순리인데
늙어 냄새난다고 혐오하기보단
세월 탓이거늘 존중해 주면 안 될까
복福 받을 텐데.

우리 당신

늘 그 자리에서
언제나 변함없는 마음으로
언제나 나만 생각해 주고
언제나 한결같이 내 옆에서
언제나 버팀목이 되어 준 사람
언제나 가장 가까운 곳에서
언제나 마주 보며 손뼉 치고 응원해 주고
언제나 기쁨 주는 우리 당신
몇 겁의 시간이 지나고
몇 겁의 세월이 흘러도
만고불변의 사랑처럼
언세나 큰 힘이 되어 준 사람
우리 당신 고마워요
우리 당신 사랑해요.

유종의 미

때로는 남들이 부러웠다
젊음이 부럽고
돈 많은 사람이 부러웠고
복 많이 타고나 취직 잘하고
일이 척척 잘 풀리는 사람이 참 부러웠다
누구나 한때는 젊었으며
그땐 젊음 자체가 큰 축복인 줄 몰랐었다
젊음이 저절로 다가왔기 때문이며
저절로 생긴 젊음이니
감사하고 고마운 줄 몰랐었으리라
이젠 어느 정도 나이 드니 알 것만 같더라
누구 탓하지 말고 내가 하기 나름이오
우리가 진정 부러워하는 것은
늙어서 끝까지 젊음을 유지하고
유종의 미를 거두는 것이리라.

세상은 참

제아무리 큰 비 오고 억수장마 진다 해도
물은 아래로 아래로만 흐르는데
형이 아무리 잘나도 부모 노릇 못하며
동생이 아무리 똑똑해도 형이 될 수 없는 법
자연의 이치는 전, 후, 위, 아래가 있는 법
인간사 장유유서가 으뜸이오 위계질서가
최고였는데 언제부터인가 충효사상
위계질서가 어디 가고 막가파 나라였나
형제지간 싸움질에 노부모 고려장에
나이 어린 자식 손자 보기 부끄럽고
세상 인심 뒤죽박죽 앞날이 오리무중일세.

처세술

인생의 행·불행을 어느 누가 가늠할까
고단한 삶 속에서 발버둥 치며 살았는데
올바른 지혜로도 길을 찾지 못한다면
삶의 고통에서 헤어나기란 쉽지 않을 터
잘살아 보고자 권력과 명예를 얻고자
애를 쓴들 독불장군으론 어려운 법
그렇다고 미리 겁먹고 포기할 순 없을 터
모르면 당하는 세상 진실한 믿음과 마음으로
처세하세 밉다고 멀리하고 싫다고 피하기보다는
직접 부딪혀 승패를 걸어 보세.

부모의 사랑

형체도 없고 보이지도 않으며
만져볼 수도 없는 사람의 마음
어렸을 땐 부모의 따뜻한 사랑만이
인간을 정상적으로
키운다는 사실을 명심하고
어린 뿌리에 상처가 생기지 않도록
잘 보살펴 주어야 하네
한 어머니는 열 자식을 키우는데
열 자식은 한 어머니 모시기가
어렵다 한다네.

성공의 지름길

한번 실패했다고
하늘이 무너질 수 없다
때로는 실패의 쓴 잔도
하늘이 준 선물일 수 있으며
실패의 처절한 아픔 뒤에
새로운 출발점이 있다
담금질 여러 번에 강철이 되듯이
모든 어려움을
감사로 받아들일 줄 아는 사람
살다 보면 홈런 안타도 있지만
삼진 데드볼도 있는 법
모든 어려움을 이겨낼 수 있는 사람이
계속 성공할 수 있는
자신감이 생기는 것이다
그것이 성공의 지름길이기 때문이다.

사랑의 값

부모의 자식 사랑과
자식의 부모 사랑은
그 차원이 다를 것이다
부모의 자식 사랑은
무조건 사랑인데
자식의 부모 사랑은
대가를 바라는 사랑이다.

을미년 저무는 길목

날이 가고 달이 가니
사람들이 정해 놓은
을미년 열두 달 365일도
징글벨 소리 따라
서서히 막을 내리누나
삶에 지친 장삼이사들
아픔과 갈등 혼란과 무질서 속에서
용케도 살아남아
살기 어려웠다고 입을 모은 한해
그래도
넘어지면 일어나고
넘어지면 또 일어나는
백의민족 후예답게
과거는 잊어버리고
희망찬 병신년을 맞이하리라.

저무는 을미년

인생살이 세상살이 모였다가 흩어짐은
바람 앞에 안개 같은 것 지난 을미년을
아무리 너그럽게 봐주려 해도 자꾸 엇나가고
그래도 바쁘게도 살아온 한 해였네
을미년 끄트머리에 서서 갈 줄만 알고
다시 오지 않는 세월을 누가 탓할까
해마다 이맘때면 회한에 휩싸임은 왜일까
솔직히 말해 울고 웃는 돈 때문이 아닐까
여럿이 모여 살기 힘든 세상이라 말하는 것은
모두 돈이 풍족하지 않기 때문인즉
사람들은 돈보다 사람이 중요하다 말은 하지만
돈 앞에선 누구나 쩔쩔매는 깃은
돈이 없으면 되는 일이 없기 때문일 테지
세월은 영원하고 끝도 시작도 없는데 어이하여
인생은 순식간에 끝나는가 병신년 새해에는
헛걸음 헛발질은 안 해야겠는데.

만약에

역사엔
만약이란 단어는
존재하지 않는다
이미 지나간 역사를
뒤늦게 후회한들
아무 소용없기 때문이다

가장이 잘못하면
식솔들이 어렵고 힘드는 법
하물며
리더가 잘못을 하면
아랫사람이 힘들고
정치가 잘못 되면
온 백성
살기가 어려워진다.

사랑하는 것

사랑하는 것보다
더 어려운 것은
믿음과
이해하는 것이더라
아무리 어렵게
사랑을
얻었다 해도
믿음과
이해 없는 사랑은
물거품 사랑이더라.

연말

어찌 보면
연말이 있어 다행이다
지난날들을 돌아보고
새로운 앞날을 위하여
다시 한 번
심호흡하는 계기가 되고
앞으로
최선을 다하기로
다짐을
할 수가 있으니까.

이승의 법칙

이 세상은
죽은 자가 모든 책임을
떠안는다
그것이 이승의 법칙이다
죽을 만큼
그릇된 선택이었다는 것을
알아야 한다
망자는
자기 변명도 못하고
변호사도 없기 때문일 것이다.

병신년 해는 뜨고

병신년의 문이 열리고
희망의 새해 새 아침은 시작되고
하루하루 살다보면 이내
한 달 또 한 달이 흐르다 보면
속절없이 제야의 종소리는
또 울려 퍼지리라
연초에 먹었던 소망들도 대부분
일그러지고 깨진 채로
새로운 연말을 또 맞이하리라
병신년 새해에는 너무 욕심부리지 말고
하루하루 사는 동안
언제나 최선을 다합시다
자신에겐 부끄럽지 않고
처자식엔 자랑스런 가장이오
누구에게라도 누가 되지 않은
자랑스런 시민으로 살아갑시다
수많은 어려움도 거뜬히 이겨내는
지혜로운 국민이 됩시다.

대박이다

찾아온 손님 반갑게 맞이하고
갈 땐 고맙게 배웅하고
또 만나면 화목하고 너도 좋고
나도 좋고 지난겨울엔 이상기온
유별나게 춥지 않고 눈 대신
비가 내리고 동대문 일대 의복 상가들
춥지 않은 겨울 날씨 탓에 불경기로
혹독한 겨울을 나고 있다
내가 좋아한다고 내가 팔고 싶다고
경기가 좋아지는 것은 아니오
제조업자도 꼼꼼하게 잘 만들면
손님 맘에 들고 이리저리 입소문 나고
한번 찾은 손님 단골 되고 여러 손님
몰고 오니 그것이 대박이오
성공해 돈 버는 지름길.

덕 德

덕이 있는 자가
권력을 잡으면
만백성이 행복해지며
덕이 없는 자가
권력을 잡으면
만백성이 구차해지며
덕이 있는 자가
재물을 잡으면
만백성을 구제하고
덕이 없는 자가
재물을 잡으면
자신도 죽고
만백성을 고통스럽게 한다

살아보기

만물의 영장이라 해도
죄짓지 않고 사는 영장은
얼마나 될까
벌거벗고
이 세상에 나왔는데
어찌 하여
죄짓지 않고
살아갈 수가 없는가
눈이 있어
올바르게 보고 살아왔는데
꼭 벌을 받아야 죄인일까
말을 한다고
죄인이 될 수 있는 세상
서로 미워하지 말자
밝게 살아 시를 쓰고
자유롭게 살아보자.

나라님들

대한민국을 위하여
대한민국 국민을 위하여
열심히 최선을 다하여
국민을 받들겠다고 하여
나라님에 당선되었다면
명예를 안고 떳떳하게
유종의 미를 거두면 되는데
하루 세끼면 족한 것을
무슨 욕심이 그리 많아
불법 탈법으로 재산을 모아
아주 부자가 되었다면
그렇다면
선량님 판검사님 도백님
국무위원님 등 여러 나라님들은
그건 그냥 님이 아니라
가이새끼님이 아니신가요?
국민 위해 나라 위해
큰일 하시겠다는 나라님들
정신 똑바로 차리세요
대한민국은 민주공화국입니다.

대한민국

대한민국은
오늘보다 더 나은
내일을 준비하여
온 국민이 더 많은
꿈을 이룰 수 있는
나라가 되었으면
국가가
위태로울수록
가진 자는 더욱 겸손하고
더 낮은 자세로
국가와 국민을 위하여
최선을 다해야 한다
삼대 가는 거지 없고
부자가
삼대 가기도 어렵다는데.

농자바보지대본

여름철 농사일이야
어디 시간이 따로 있더냐 덜 더운 시간에
농사일 끝내려고 새벽부터
호미 들고 들에 나가고
때론 어두울 때까지 꼬박 일하고
서울 사는 양반이 일을 조금 하는 척한다며
빙그레 웃는데
땀이 비 오듯 쏟아진다는 말이 실감나더라
온몸은 땀에 젖은 소금기로 범벅이오
아무리 힘들고 지친다고 해봐야
호미 내던질 시간 따로 있더라
등골이 휘고 등골 빠진다는 소리
그냥하는 소리가 아니더라
쌀값은 떨어지고 농자재값 인건비는
소리 소문 없이 계속 치솟기만 하고
힘들고 하기 싫어 눈물난다는 말
그 말의 뜻이 절절히 느껴 오더라
대학 나온 백수 막내놈 얼굴 보기 어렵고
시골 젊은 청년은 간데없고 늙은 농부들

같은 하늘 아래 살며 왜 불만 불평 없으랴
그냥 참고 견디자니 이게 어디 인간이 할 짓인가
얼굴에 목덜미에 수족까지
꺼멓게 그을린 촌로들의 땅 꺼지는 한숨 소리
등까지 굽어 땅만 보고 살며 일만 하는
늙은 농부들의 모습 그냥 바라만 봐도
괜스레 눈물이 핑 도는 이내 마음
왠지 죄진 것 같고 미안하고 부끄럽고 안타깝고
그저 고맙고 감사할 뿐이다.

윗물

대한민국
역대 대통령 중
어느 분이
가장
훌륭할까
잘 생각해 보면
당선될 땐
대통령으로 보였는데
오년
임기가 끝나니
도둑님 같은 것은
취임 땐
황금 덩어리가
돌로 보였는데
퇴임 땐
황금 덩어리가
황금으로
보였기 때문이리라.

긴 여행

인생이란
한번 왔다 한번 가는
여행객이다
한번도
살아본 적 없는
미지의 세계에 태어나
대탐험을 하며
살아왔다
탐험하다 보면
희로애락
생로병사를 겪으면서
험난한
신세계를 개척하고
좋은 추억 많이 만들며
바쁘게도 살아가다
때가 오면
아주 길고 긴
휴가 떠나듯
멀고 먼 여행을 떠나간다.

잘 가게나 친구야

아주 먼 길 떠나간 친구야
어젯밤 둥실둥실 흰 구름 타고
설악산 대청봉을 훌쩍 넘어
금강산 만장봉에 걸터앉아
동해바다 낚시에 홀딱 빠져
세상 돌아가는 것을 알고나 있는가
아니면 흘러흘러 흐르는
물길 따라 별주부 등을 타고
용궁에 도착해 용왕님과
술독에 빠져 있지는 않느냐
흘러가는 달님에게 물어봐도
불어오는 바람에 물어봐도
모른다고 손사래만 친다네
아직도 딸딸이 엄마는 너를 못 잊어
눈에는 눈물 마를 날이 없다는데.

물 들어올 때 노를 저어라

발행 | 2017년 9월 15일
지은이 | 조병서
펴낸이 | 김명덕
펴낸곳 | 한강출판사
홈페이지 | www.mhspace.co.kr
등록 | 1988년 1월 15일(제8-39호)
주소 | 서울시 종로구 인사동길 5, 408(인사동, 파고다빌딩)
전화 735-4257, 734-4283 팩스 739-4285

값 12,000원

ISBN 978-89-5794-370-0 04810
ISBN 978-89-88440-00-1 (세트)

※저자와의 협약에 의해 인지는 생략합니다.
※잘못된 책은 바꾸어 드립니다.